CG 技术视频大讲堂

Photoshop
+AIGC
电商设计速成

倪栋 ⊙ 编著

清华大学出版社
北京

内容简介

本书基于Photoshop和AIGC工具Midjourney编写，全书分为3篇：基础篇、新鲜美工篇和大美工篇，内容涵盖电商设计制作的多个方面，包括排版构图、色彩搭配、透视搭建、字体设计、标识设计、主图设计、详情页设计、首页设计、人工智能在电商设计中的应用等知识以及对应的实战案例，旨在帮助读者掌握电商设计的基本理论知识，以及各种技巧和方法，真正实现电商设计师速成。

本书不仅适合初学者学习电商设计的基础知识，也适合有一定经验的电商设计师用于进一步提升设计水平。书中精彩案例配备高清视频讲解，方便读者观摩并跟随练习，全书内容丰富、实用，是一本不可多得的电商设计学习参考用书。

本书封面贴有清华大学出版社防伪标签，无标签者不得销售。
版权所有，侵权必究。举报：010-62782989，beiqinquan@tup.tsinghua.edu.cn。

图书在版编目（CIP）数据

Photoshop+AIGC 电商设计速成 / 倪栋编著 . -- 北京：清华大学出版社，2024. 9. --（清华社"视频大讲堂"大系CG技术视频大讲堂）. -- ISBN 978-7-302-67163-3

Ⅰ．F713.36；TP391.414

中国国家版本馆 CIP 数据核字第 2024QX0990 号

责任编辑：贾小红
装帧设计：文森时代
责任校对：马军令
责任印制：刘海龙

出版发行：清华大学出版社
网　　址：https://www.tup.com.cn，https://www.wqxuetang.com
地　　址：北京清华大学学研大厦A座　　　　　邮　编：100084
社 总 机：010-83470000　　　　　　　　　　邮　购：010-62786544
投稿与读者服务：010-62776969，c-service@tup.tsinghua.edu.cn
质量反馈：010-62772015，zhiliang@tup.tsinghua.edu.cn

印 装 者：小森印刷（北京）有限公司
经　　销：全国新华书店
开　　本：203mm×260mm　　　　印　张：14.5　　　　字　数：557千字
版　　次：2024年10月第1版　　　　　　　　　　　印　次：2024年10月第1次印刷
定　　价：98.00元

产品编号：101266-01

本书编委会

主任

倪　栋　湖南大众传媒职业技术学院

执行单位

文森学堂

委员

邓可可	湖南大众传媒职业技术学院	王师备	文森学堂
周　莉	湖南大众传媒职业技术学院	仇　宇	文森学堂
彭　婧	湖南大众传媒职业技术学院	李依诺	文森学堂
唐　楷	湖南大众传媒职业技术学院		
雷梦微	湖南大众传媒职业技术学院		
李夏如	湖南大众传媒职业技术学院		
杨姝敏	长沙民政职业技术学院		

前言
Preface

电商设计师是商业视觉设计师的细分类别,作为电商设计师除了要具备视觉传达设计的基本专业素质,还要有UI/UX设计思维、互联网嗅觉及营销策划和短视频创作等综合能力。电商设计可以理解为网页设计和平面设计的结合,同时加入一些用户体验和人机交互的概念,借助互联网传播,以卖货为最终目的,涉及销售、运营等方面的知识。

本书分为3篇,共计18课,旨在让读者快速掌握电商设计的技能,成为一名优秀的电商设计师。

本书特色

◆ 内容丰富,结合人工智能,涵盖了电商设计的多个方面,让读者从入门到实战,全方位学习。

◆ 实例练习和综合案例充分考虑了实际项目的需求,让读者可以学以致用。

◆ 图文并茂,让读者可以更直观地了解所学知识。

◆ 作者拥有多年的电商设计制作经验,可以为读者提供专业的指导和建议。

本书内容

A篇为基础篇,主要介绍电商设计行业和电商设计师的基本知识以及电商设计师需要掌握的技能,让读者对电商设计师这个岗位有一个初步了解,还介绍了电商设计使用的主要软件,以及人工智能工具,如Midjourney的使用方法。

B篇为新鲜美工篇,主要介绍电商设计的理论知识,讲述通过Photoshop进行排版构图、色彩搭配、产品调色、产品精修及透视搭建等,并结合使用人工智能工具进行练习。

C篇为大美工篇,提供了若干具有代表性的实战项目案例,在多个项目里应用Photoshop和Midjourney进行设计,让读者真正了解电商设计的实际项目,熟悉当下电商设计工作的最新方向。

适合读者

◆ 对电商设计和人工智能感兴趣的初学者。

◆ 已经掌握电商设计基础知识,希望进一步学习提升的设计师和制作人员。

◆ 已经从事电商设计工作,希望进一步提高技能和水平的人员。

如何使用本书

读者可以按照本书内容的顺序一步步学习,也可以根据自己的需求选择感兴趣的章节进行学习。本书包含基础知识、使用方法和案例练习,读者可以通过阅读本书并结合实操

Photoshop+AIGC 电商设计速成
前言

来掌握所学知识。

- ◆ **实例练习**：帮助读者掌握各种软件的操作基础，为成为一名优秀的电商设计师奠定坚实的基础。
- ◆ **综合案例**：让读者了解如何应用软件技能和设计知识，完成真实的设计项目。
- ◆ **作业练习**：为读者提供更多的练习机会，帮助读者巩固所学知识，加强实践能力。

读者可以关注"清大文森学堂"微信公众号，进入清大文森学堂—设计学堂，进一步了解电商课程和培训。老师可以帮助读者批改作业、完善作品，进行直播互动、答疑演示，提供"保姆级"的教学辅导工作，为读者梳理清晰的思路，矫正不合理的操作，以多年的实战项目经验为读者的学习保驾护航。

结语

本书由湖南大众传媒职业技术学院倪栋老师编著，文森学堂提供技术支持。另外，湖南大众传媒职业技术学院的邓可可、周莉、彭婧、唐楷、雷梦微、李夏如老师，以及长沙民政职业技术学院的杨姝敏老师也参与了本书的编写工作。其中，倪栋负责A01~A05课的编写及全书的统稿工作，邓可可负责A06课和B01课的编写工作，周莉负责B02和B03课的编写工作，彭婧负责B04和B05课的编写工作，唐楷负责C01和C02课的编写工作，雷梦微、李夏如、杨姝敏共同负责C03课至C07课的编写工作。文森学堂的王师备、仇宇、李依诺负责全书的素材整理及视频录制工作。

希望本书可以为读者提供全面、系统、实用的电商设计学习指南，让读者可以快速掌握电商设计的技能，为自己的事业发展添砖加瓦。

如果您有任何建议或者意见，欢迎联系我们，我们会尽力做得更好，为您提供更好的学习体验。

祝愿大家学有所成！

观看视频

素材下载

文森学堂

目录 Contents

A 基础篇 设计概念 职业发展

A01 课 电商设计概述 2
- A01.1 电商的概念 2
- A01.2 电商设计的概念 2
- A01.3 电商设计师存在的意义 6
- 总结 6

A02 课 电商设计师的发展前景 7
- A02.1 市场对电商设计师的需求 7
- A02.2 电商设计师的薪资待遇 8
- A02.3 电商设计师的职业规划 9
- A02.4 电商设计师的工作场所 9
- 总结 9

A03 课 电商设计师的工作内容 10
- A03.1 工作内容之主图设计 10
- A03.2 工作内容之详情页设计 11
- A03.3 工作内容之首页设计 12
- A03.4 工作内容之钻石展位图和直通车图设计 13
- 总结 15

A04 课 电商设计师与其他设计师的异同 16
- A04.1 共同之处 16
- A04.2 不同之处 16
  - A04.2.1 工作内容的不同 16
  - A04.2.2 工作技能的不同 19
- A04.3 电商设计师的优势 20
- 总结 20

A05 课 电商设计师使用的软件 21
- A05.1 电商设计师需要掌握的软件 21
- A05.2 Photoshop 简介 21
  - A05.2.1 Photoshop 之图层 22
  - A05.2.2 Photoshop 之蒙版 23
  - A05.2.3 Photoshop 之批量自动 26
- A05.3 Illustrator 简介 30
- A05.4 Cinema 4D 简介 30
- A05.5 After Effects 简介 31
- A05.6 Premiere Pro 简介 31
- 总结 32

A06 课 人工智能与电商设计 33
- A06.1 Midjourney 简介 33
  - A06.1.1 Midjourney 的服务器创建及使用 34
  - A06.1.2 Midjourney 的提示词及其细化 37
  - A06.1.3 Midjourney 的参数及关键词 40
- A06.2 Leonardo.Ai 简介 41
- 总结 44

B 新鲜美工篇 软件应用 设计要素

B01 课 排版构图 46
- B01.1 什么是排版构图 46
- B01.2 版式设计中的两大元素 46

目 录

  B01.3 常用的构图结构.................................49
  B01.4 实例练习..51
    B01.4.1 实例练习一——优惠券设计........51
    B01.4.2 实例练习二——电商网页 banner
        设计..57
    B01.4.3 实例练习三——游戏手柄海报设计..58
  B01.5 作业练习——运动鞋海报设计.........63
  总结..63

B02 课 色彩搭配.....................................64
  B02.1 色彩的基本概念..................................64
  B02.2 色彩的三要素.......................................64
  B02.3 色彩搭配的方式...................................66
  B02.4 实例练习..71
    B02.4.1 实例练习一——女装 banner 设计..71
    B02.4.2 实例练习二——口红海报设计....74
    B02.4.3 实例练习三——鼠标海报设计....78
  B02.5 作业练习——全球狂欢季海报设计..81
  总结..81

B03 课 产品调色.....................................82
  B03.1 调色的目的..82
  B03.2 电商设计中的调色..............................84
  B03.3 常用的调色工具...................................85
    B03.3.1 色阶与曲线..87
    B03.3.2 色相/饱和度....................................90
    B03.3.3 色彩平衡..92
    B03.3.4 可选颜色..94
  B03.4 常用的调色方式...................................95
  B03.5 实例练习..97
    B03.5.1 实例练习一——短袖调色............97
    B03.5.2 实例练习二——饮料调色............99
  B03.6 作业练习——鞋盒场景调色.........101
  总结..102

B04 课 产品精修...................................103
  B04.1 精修的目的..103
  B04.2 产品精修的注意事项.......................103
  B04.3 产品精修的方法.................................106

  B04.4 实例练习——口红精修.................107
  B04.5 作业练习——产品精修.................110
  总结..111

B05 课 透视搭建...................................112
  B05.1 透视的概念..112
  B05.2 透视的分类..114
  B05.3 一点透视和两点透视的绘制方法....114
  B05.4 场景搭建的意义和注意事项.........117
  B05.5 实例练习——吹风机场景搭建....118
  B05.6 作业练习——时钟音箱场景搭建..122
  总结..122

C 大美工篇 综合案例 实战演练

C01 课 字体设计...................................124
  C01.1 字体版权..124
    C01.1.1 免费的字体.....................................125
    C01.1.2 付费的字体.....................................125
    C01.1.3 怎么避免字体侵权.......................126
  C01.2 字体设计的意义................................127
  C01.3 字体设计的方法................................128
    C01.3.1 常用的软件.....................................128
    C01.3.2 字体设计的手法...........................128
    C01.3.3 字体设计的思路...........................130
  C01.4 综合案例——"健康牙齿"字体设计..131
  C01.5 作业练习——"狂欢双 11"字体设计..134
  总结..135

C02 课 logo 设计..................................136
  C02.1 logo 的概念..136
  C02.2 logo 的分类..137
  C02.3 logo 设计的注意事项......................139
  C02.4 logo 的历史性....................................140
  C02.5 logo 设计的常用工具......................141
  C02.6 综合案例..142
    C02.6.1 综合案例一——茶叶 logo 设计..142
    C02.6.2 综合案例二——饮料 logo 设计..145

C02.7　作业练习——网盘 logo 设计 147	C05.6　作业练习——杯子详情页设计 192
总结 147	总结 193

C03 课　主图设计 148

- C03.1　主图的概念 149
  - C03.1.1　主图的位置 149
  - C03.1.2　主图的规范 150
- C03.2　主图的分类 152
- C03.3　主图的作用 155
- C03.4　主图的制作 156
- C03.5　综合案例 157
  - C03.5.1　综合案例一——开学季耳机主图 ...157
  - C03.5.2　综合案例二——电饭煲主图 161
- C03.6　作业练习——洗衣机主图设计 163
- 总结 164

C04 课　海报设计 165

- C04.1　海报的发展史 165
- C04.2　海报的类型 165
- C04.3　海报的尺寸 167
- C04.4　综合案例 168
  - C04.4.1　综合案例一——护肤品海报 168
  - C04.4.2　综合案例二——口红海报 172
- C04.5　作业练习——电影海报设计 175
- 总结 175

C05 课　详情页设计 176

- C05.1　详情页的位置和规范 177
  - C05.1.1　详情页的位置 177
  - C05.1.2　详情页的规范 178
- C05.2　详情页的板块布局 178
- C05.3　详情页的作用 182
- C05.4　详情页的制作 183
- C05.5　综合案例 184
  - C05.5.1　综合案例一——动力机械课程详情页设计 184
  - C05.5.2　综合案例二——空气净化器部分详情页设计 187

C06 课　直通车图和钻石展位图的设计 ...194

- C06.1　直通车图 194
  - C06.1.1　直通车图的位置 194
  - C06.1.2　直通车图与主图的区别 195
  - C06.1.3　直通车图的作用 195
  - C06.1.4　直通车图的制作 196
- C06.2　钻石展位图 197
  - C06.2.1　钻石展位图的位置 197
  - C06.2.2　钻石展位图的尺寸 198
  - C06.2.3　钻石展位与直通车 199
  - C06.2.4　钻石展位图的制作 199
- C06.3　综合案例 200
  - C06.3.1　综合案例一——鞋子钻石展位图设计 200
  - C06.3.2　综合案例二——化妆品钻石展位图设计 203
- C06.4　作业练习——书包直通车图设计 206
- 总结 206

C07 课　首页设计 207

- C07.1　首页的位置和规范 208
  - C07.1.1　首页的位置 208
  - C07.1.2　首页的规范 209
- C07.2　首页的板块分类 209
  - C07.2.1　首页的店铺招牌 209
  - C07.2.2　首页的导航栏 209
  - C07.2.3　首页的 banner 210
  - C07.2.4　首页的优惠券/会员/导航 211
  - C07.2.5　首页的热卖/爆款/新品 212
  - C07.2.6　首页的产品楼层 213
  - C07.2.7　首页的品牌介绍/故事介绍 213
- C07.3　首页的风格 214
- C07.4　综合案例——女装店铺首页设计 217
- C07.5　作业练习——鞋子店铺首页设计 221
- 总结 222

A 基础篇

设计概念 职业发展

本篇主要讲解电商设计和电商设计师的相关知识，让读者了解电商设计师的发展前景、工作内容、需要掌握的软件以及现阶段人工智能如何与电商设计结合。电商设计师是一个综合性岗位，相关人员需要掌握的软件以及设计思维很多，更需要与产品建立联系。

扫码观看视频课

A01课 电商设计概述

电商设计在设计行业中热度很高,每年都有很多人学习电商设计。很多时候从事电商设计的电商设计师也被人称为美工或修图师,其实这是片面的,电商设计师的工作内容有很多,需要掌握的技术也非常全面,包括排版构图、色彩搭配、三维透视等。除此之外,电商设计师还需要具备一定的销售心理学知识,能够通过设计来提升用户体验和购买转化率。

那么电商和电商设计到底是什么,电商设计师的存在具有哪些意义?我们接下来会详细地进行介绍。

A01.1 电商的概念

在学习什么是电商设计之前,我们要先了解什么是电商。

电商即电子商务,是指利用计算机等技术实现整个商务过程中的电子化、数字化。

狭义上的电商(E-Commerce)是指实现整个贸易过程中各阶段贸易活动的电子化,集中于基于互联网的电子交易,强调企业利用互联网与外部发生交易与合作;广义上的电商(E-Business)是指利用网络实现所有商务活动业务流程的电子化,其涵盖范围扩大了很多,指企业使用各种电子工具从事商务活动。

常见的电子商务模式有四种:B2B(商家对商家)、B2C(商家对个人)、C2C(个人对个人)、O2O(线上到线下)。感兴趣的读者可以自行搜索深入了解。

A01.2 电商设计的概念

电商设计是对电商网站页面美化设计的统称,可以理解为网页设计和平面设计的结合,也包含一些用户体验的设计理念,设计的最终目的是借助互联网的传播进行卖货。所以电商设计除了涉及平面设计和网页设计相关的知识,还涉及销售学、用户心理、用户体验、运营等知识。这些知识是每一位想要进入电商设计行业的人员都需要掌握的。

图 A01-1 所示的海报展示的产品非常精致,采用的字体也符合品牌的特性,配色为冷暖对比,用金色和深绿色衬托,使整个页面高级感十足,会较大地提升消费者的购买欲望。所以电商设计的主要目的就是展示产品,提高其销售量。

图 A01-1
(资料来源:花西子旗舰店)

电商设计服务于店铺，不同风格的店铺以及产品需要不同的设计风格，有时候也要根据各种活动来设计不同的风格，比如"6·18""双十一""双十二""年货节"等。图A01-2所示为京东年货节和天猫年货节的海报，海报采用红金颜色搭配，有过年的喜庆气氛，可以更好地调动消费者的购买欲望。

图 A01-2

（资料来源：京东官网、天猫官网）

如图A01-3所示为具有店铺独特风格的"双十一"海报设计。

图 A01-3

（资料来源：老金磨方旗舰店）

不同类型的产品需要的设计风格也是不一样的。如图A01-4所示,零食海报需要采用食欲满满的设计风格,色彩可以采用黄色、红色,也可以采用冷暖对比的配色方式,画面元素可以满一些。

图 A01-4

(资料来源:比比赞旗舰店、德芙官方旗舰店)

如图A01-5和图A01-6所示,电子产品的海报设计则需要很强的科技感风格,色彩可以采用蓝色、绿色、紫色,也可根据活动采用其他的配色方式,元素可以加一些科技线条、科技纹理等。

图 A01-5

(资料来源:戴尔旗舰店)

图 A01-6

(资料来源:CASIO旗舰店)

如图A01-7所示为年货节美妆产品海报，这种海报制作一般需要设计师进行前期的拍摄以及后期的精修，也可以通过建模软件将产品建模出来并进行后期处理。

图 A01-7

（资料来源：兰蔻官方旗舰店）

如图A01-8所示，服装海报以模特拍摄为主，也需要设计师后期对画面进行精修。

图 A01-8

（资料来源：优衣库官方旗舰店）

还有很多类型的产品设计图，感兴趣的读者可以自行上网浏览。

电商设计中需要注意的事项很多：根据产品定位风格，再根据风格设计专属的字体与元素；文案需要排版，要有逻辑、有层级地描述产品的卖点和当下的活动优惠等。

电商设计师需要具有很强的审美能力以及对市场敏锐的洞察力，在某些时候，电商设计师不仅要进行设计，还需要进行市场调研，针对爆款产品设计海报。

A01.3　电商设计师存在的意义

　　电商设计师的出现是电商行业发展的必然结果。随着电子商务的快速发展，消费者对产品的需求和期望越来越高，而电商设计师则是满足消费者需求的重要一环。

　　电商设计师服务于店铺，服务于商家。电商设计师可以通过各种设计手段，将产品展示得更加直观、美观、生动。通过图像、文字、色彩等多种元素的组合，让消费者更好地了解产品的特点和优势，从而提高购买意愿和信任感。

　　除了产品展示，电商设计师还可以通过网站的设计、用户体验的优化等方式，提高消费者的购物体验，增强用户黏性和忠诚度。这些工作都需要电商设计师具备丰富的设计经验和专业知识，是电商行业中非常重要的一部分。

　　因此，电商设计师的存在不仅可以帮助商家推销产品，还可以提高消费者对电商平台的认知和信任度，促进电商行业的健康发展。

总结

　　电商设计师需要掌握的知识很多，不仅需要具有软件技能，还要有设计思维。为了更好地宣传商家的产品，需要结合市场及竞品制作产品海报。制作海报需要注意排版构图、色彩搭配、光影精修、透视合成等。

读书笔记

在 A01 课中,我们介绍了电商和电商设计的概念以及电商设计师在设计时需要注意的事项。下面来探讨一下电商设计师的发展前景。

随着近年来电商行业的蓬勃发展,店铺和产品宣传方式发生了翻天覆地的变化。过去简单粗放的平面广告已经让位于精致的海报,越来越多的消费者开始关注店铺和商品海报的精美程度。随着更多人接触电商行业,人们的审美水平也在不断提升,对设计的要求也在不断提高。因此,越来越多的商家开始注重品牌、产品宣传和用户体验等方面,对电商设计师的需求急剧增长。

A02课 电商设计师的发展前景

A02.1 市场对电商设计师的需求

电商设计师可以分为两种:套版设计师和原创设计师。

套版设计师仅依照预定的模板编排素材,缺乏自主创意的能力,不能根据客户需求做出量身定制的设计,这类设计师可能会被行业淘汰,即使能够幸免,其薪资待遇与原创设计师也存在较大的差距。

而且,现在有很多素材网站可以快速完成基本的设计工作,也可以提供模板供用户修改,只需要开通会员或单独购买模板就可以完成,因此套版设计师面临巨大的职业危机。

原创设计师可以根据不同的设计需求,设计合适且符合市场的设计图,这种设计集合了设计师自身的创意灵感以及市场需求,从而可以对产品起到非常好的宣传作用。原创设计师在日常工作中也要不断地提高自己的设计水平,这样才能在行业中越走越远。

图 A02-1 所示是"天猫双十一"和"京东 6·18"的历年(2016—2022 年)交易额数据。随着交易额的不断增长,电商行业发展越来越迅猛。同样的,电商岗位也越来越多,对于电商设计师的需求也急剧上升。

图 A02-1
(资料来源:专业数据平台)

A02.1 市场对电商设计师的需求
A02.2 电商设计师的薪资待遇
A02.3 电商设计师的职业规划
A02.4 电商设计师的工作场所
总结

每个城市对电商设计师的需求量也有所不同。如图A02-2所示，在全国范围内，北京市对电商设计师的需求量最高，占8.5%，排名第一；其次是广州市，占4.7%，深圳市，占4.7%；然后是杭州市，占4.3%（图中数据仅供参考）。

招聘需求量地区排名（全国）

	地区	职位量，占比
1	北京	911，8.5%
2	广州	509，4.7%
3	深圳	501，4.7%
4	杭州	464，4.3%
5	上海	439，4.1%
6	厦门	409，3.8%
7	东莞	367，3.4%
8	武汉	338，3.1%
9	长沙	314，2.9%
10	宁波	313，2.9%

说明：电商设计师在全国哪里需求量最高？电商设计师去北京工作好还是广州好？北京电商设计师招聘需求量最高，占8.5%，在全国中排第1。其次是广州占4.7%，深圳占4.7%，杭州占4.3%。统计依赖于各平台发布的公开数据，系统稳定性会影响客观性，仅供参考。

图 A02-2

（资料来源：职友集）

A02.2　电商设计师的薪资待遇

电商设计师按照层级可以分为四种：初级电商设计师、中级电商设计师、高级电商设计师和资深电商设计师。薪资待遇从低到高依次递增。

另外，在不同城市工作，薪资待遇也会有所不同。例如，在一线城市工作的电商设计师薪资待遇较好，在8000元以上；而在二三线城市工作的电商设计师薪资待遇则在4000～6000元。当然，具体薪资待遇还需根据实际情况而定。

如图A02-3所示为截至2022年12月，北京市电商设计师的薪资区间（仅供参考）。随着工作年限的增加和工作能力的提升，薪资待遇也会不断上涨。

￥10K-15K / 最多人拿

数据统计来自近一年363份样本，截至2022-12-22

图 A02-3

（资料来源：职友集）

近年来，越来越多的人开始开拓自己的副业，电商设计行业的兼职发展也越来越迅猛。许多店铺并没有专职设计师，而是请兼职设计师来设计店铺，尤其是在电商大促节日期间，所有页面都需要更新，这时是电商设计师的收入高峰期。

现在也有很多平台提供设计兼职服务。学会设计，对于我们未来收入的提高是很有帮助的。需要注意的是，兼职平台众多，一定要在正规平台兼职接单。

A02.3　电商设计师的职业规划

对于上班族来说，拥有一份清晰的职业规划是非常重要的。只有目标明确，才能沿着既定道路越走越远，发展前景越来越清晰明确。

电商设计师的职业规划大致可以分为以下几条路线：专职做设计师；打造个人IP，开设设计工作室；从事设计管理工作。

专职做设计师就是服务于店铺或公司，按照公司需求完成设计工作。

打造个人IP，开设设计工作室则是针对那些想要创业、对自己的技术有信心并且拥有客户来源的人士。这类人士可以专职服务于甲方，按照甲方需求制定设计方案。

从事设计管理工作则是从技术岗位转型为管理岗位。例如，担任设计部总监一职，负责对接需求、制定设计方案和分配工作。

无论选择哪一条路线，都应该明确：要不断提升自己的设计技能。

A02.4　电商设计师的工作场所

电商设计师一般在哪里工作呢？前面我们提到过，电商设计师主要服务于店铺。因此，电商店铺对于电商设计师的需求量最大。以下是电商设计师常见的工作场所。

（1）电商店铺，如三只松鼠、小米等电商品牌店铺。
（2）广告公司，专门承接广告设计、策划等项目的公司。
（3）企业内部的设计部门。

另外，自由设计师工作场所不受限制。有时候，他们可能会身兼数职，在不同场所担任不同角色。

总结

通过本课的分析，相信读者对于电商设计师的发展前景已经有了初步了解。我们应该不断提升自己的设计技能，才能在未来取得更好的发展。

A03课 电商设计师的工作内容

很多人想要进入电商设计行业,但并不太了解电商设计师到底是做什么的。下面将详细介绍电商设计师的工作内容。

电商设计师主要服务于店铺和电商平台。店铺常见的设计工作包括产品主图设计、详情页设计、首页设计以及店铺整体装修设计。

A03.1　工作内容之主图设计

主图设计是店铺中最基础的设计之一,可以理解为产品图片设计。一般情况下,一个产品会有五张主图,图中展示的信息包括价格、产品卖点、服务保障和活动赠品等。

如图A03-1所示,电商设计师的工作内容之一就是进行产品主图的设计。

华为官方旗舰店　　　　安踏旗舰店　　　　美的旗舰店

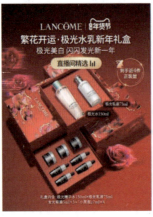

兰蔻官方旗舰店　　　波司登官方旗舰店　　　施华洛世奇官方旗舰店

图A03-1

(资料来源:各品牌旗舰店)

主图常用的尺寸有800像素×800像素和750像素×1000像素,根据不同产品和不同活动,需要设计不同风格的主图。

可以看到,不同产品的主图内容也不尽相同。功能性产品的内容较多,着重介绍其卖点;款式类产品的内容较少,着重体现产品本身。

主图到底应该怎么设计,又有哪些注意事项呢?在C篇中,我们会详细介绍制作主图的方法,这里先做了解即可。

A03.1　工作内容之主图设计
A03.2　工作内容之详情页设计
A03.3　工作内容之首页设计
A03.4　工作内容之钻石展位图和直通车图设计
总结

A03.2　工作内容之详情页设计

主图一般会展示商品价格、活动优惠力度和产品卖点等信息。但由于主图尺寸较小，能展示的内容有限，当消费者想要详细了解产品特点、优惠活动等信息时，主图通常无法满足他们的需求。如果想要更详细地了解产品功能、展示/使用场景、尺寸等信息，就需要查看内容更为详细的页面——详情页。

例如，在购买一双跑鞋时，消费者需要了解它的材质、颜色、外观以及特点等信息，这些信息都可以在详情页中找到，如图 A03-2 所示。

图 A03-2
（资料来源：安踏旗舰店）

在购买一款电饭煲时，消费者可以在详情页中了解它的尺寸、容量、功能、材质以及清洗难易程度等信息，如图 A03-3 所示。

图 A03-3
（资料来源：九阳官方旗舰店）

在购买一款男装时，消费者可以在详情页中清楚地看到衣服的卖点，包括材质、颜色、尺寸以及模特展示等信息，如图 A03-4 所示。

总之，在详情页中，消费者可以清楚地了解产品特点。制作详情页的目的是更详细地介绍产品，减少后期客服的工作量。当然，如果有其他需要了解的信息，消费者也可以咨询店铺客服。

制作详情页的具体方法可以参考 C 篇相应内容。

图 A03-4

（资料来源：波司登官方旗舰店）

A03.3　工作内容之首页设计

　　主图和详情页展示的都是单独产品的设计图，如果想要查看店铺的其他产品以及爆款推荐，并了解优惠活动等信息，就需要查看另外一个页面——首页。首页相当于店铺的门面，其设计需要由专业设计师投入精力雕琢。首页的具体设计方法将在 C 篇中详细介绍。

　　不同店铺的设计风格也不尽相同，如图 A03-5 所示为 kabrita（佳贝艾特）旗舰店手机端的首页，可以看到优惠活动和爆款产品。

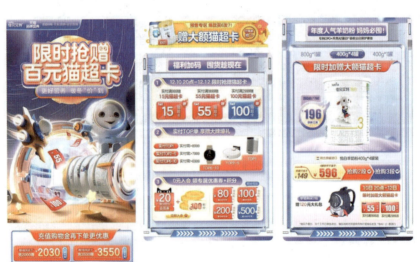

图 A03-5

（资料来源：kabrita 旗舰店）

如图 A03-6 所示为九阳官方旗舰店 PC 端的首页。首页的设计更注重逻辑清晰的展示方式，要让用户清晰地感觉到层层递进的逻辑关系。

图 A03-6

（资料来源：九阳官方旗舰店）

首页设计包括店铺招牌标识（logo）设计、横幅广告（banner）设计、产品海报设计以及优惠券活动设计等，设计师需要掌握全面的设计技能。

A03.4　工作内容之钻石展位图和直通车图设计

钻石展位和直通车位都需付费购买，类似于公交站和地铁站内的广告位，如果想要在这些地方展示广告，就必须花钱购买展位。在电商平台中，如果想要更好地将产品展现给消费者，引导其点击购买，就需要花钱购买广告位，这就是钻石展位和直通车位。钻石展位图和直通车图的区别将在 C 篇中详细介绍。

如图 A03-7 和图 A03-8 所示分别为 PC 端和手机端的钻石展位图。

图 A03-7

图 A03-8

如图 A03-9 和图 A03-10 所示为直通车图在 PC 端和手机端的位置。PC 端左上角带有"掌柜热卖"和手机端左上角带有"HOT"标识的为直通车图。

图 A03-9

除了主图、详情页、首页、钻石展位图和直通车图，电商设计师还需要完成活动页面以及公司店铺日常页面的设计工作，包括节日海报、活动海报等，将在 C 篇中详细介绍。

电商设计师的具体工作内容也可以在招聘网站上搜索，或者在面试时向面试官详细了解，如图 A03-11 所示。

图 A03-10

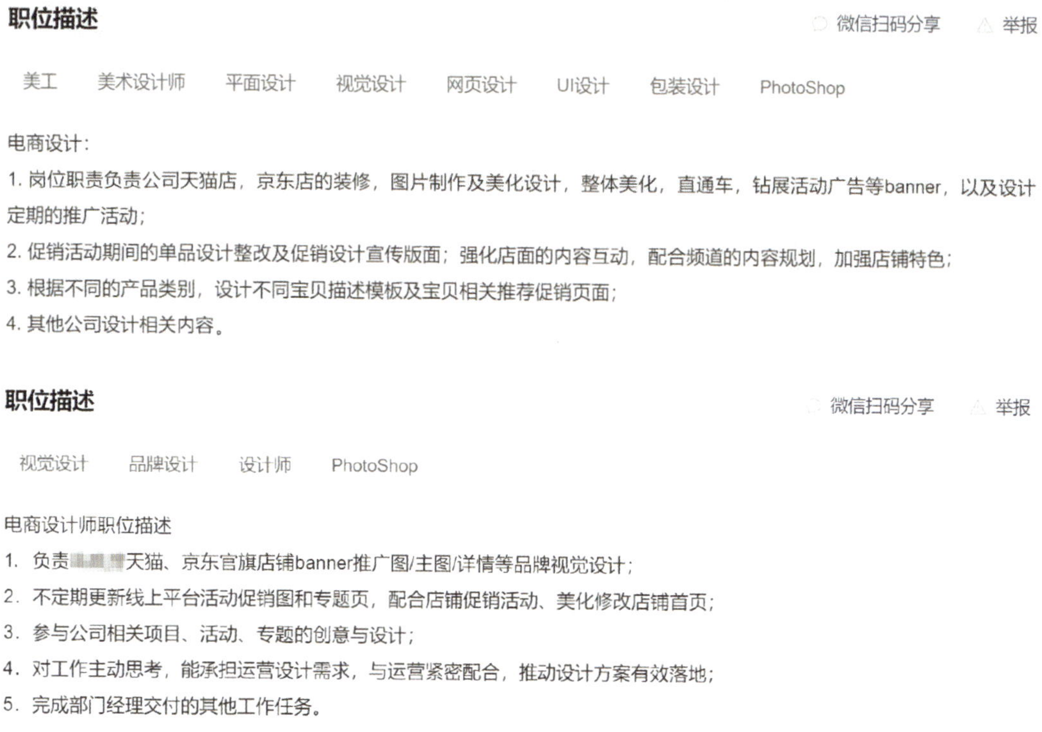

职位描述　　　　　　　　　　　　　　　　　　　　　微信扫码分享　　举报

美工　　美术设计师　　平面设计　　视觉设计　　网页设计　　UI设计　　包装设计　　PhotoShop

电商设计：
1. 岗位职责负责公司天猫店，京东店的装修，图片制作及美化设计，整体美化，直通车，钻展活动广告等banner，以及设计定期的推广活动；
2. 促销活动期间的单品设计整改及促销设计宣传版面；强化店面的内容互动，配合频道的内容规划，加强店铺特色；
3. 根据不同的产品类别，设计不同宝贝描述模板及宝贝相关推荐促销页面；
4. 其他公司设计相关内容。

职位描述　　　　　　　　　　　　　　　　　　　　　微信扫码分享　　举报

视觉设计　　品牌设计　　设计师　　PhotoShop

电商设计师职位描述
1. 负责▇▇▇▇天猫、京东官旗店铺banner推广图/主图/详情等品牌视觉设计；
2. 不定期更新线上平台活动促销图和专题页，配合店铺促销活动、美化修改店铺首页；
3. 参与公司相关项目、活动、专题的创意与设计；
4. 对工作主动思考，能承担运营设计需求，与运营紧密配合，推动设计方案有效落地；
5. 完成部门经理交付的其他工作任务。

图 A03-11
（资料来源：专业招聘网站）

总结

通过本课的介绍，相信大家对于电商设计师的工作内容已经有了一定了解。电商设计师的工作内容广泛，并不局限于店铺页面的设计与处理，有时还需要负责店铺的装修工作，将精心制作的图片上传至店铺中。

A04课 电商设计师与其他设计师的异同

在设计领域中，有很多分类。设计师也分为多种，包括电商设计师、平面设计师、VI（visual identity，视觉识别）设计师、UI（user interface，用户界面）设计师、3D设计师、室内设计师、服装设计师等。此外，近年来也出现了诸多新兴设计岗位，如UX（user experience，用户体验）设计师、UE（user engagement，用户参与）设计师、视觉设计师、游戏UI设计师等。

电商设计师与这些设计师之间有什么共同之处，又有哪些不同之处呢？本课将展开介绍。

A04.1 共同之处

本课中将电商设计师与平面设计师、UI设计师进行比较。他们的共同之处主要是使用的设计软件以及部分工作内容。

在设计工作中用到最多的软件是Photoshop。这三类设计师的工作中都离不开Photoshop，另外工作中也会用到Illustrator、Cinema 4D、After Effects、Premiere Pro等软件，具体会在A05课中介绍。

这三类设计师的工作内容也存在许多共性，如进行海报、图标和logo设计等。这些工作都需要具有设计思维和设计技巧，如色彩搭配、排版和构图等设计理念在设计领域中都是通用的。

A04.2 不同之处

A04.2.1 工作内容的不同

即便是同一领域，每个岗位的工作内容都是独特的。例如，维修工有维修家用电器的，也有维修汽车的；程序员有从事前端开发的，也有从事后端开发的。设计师也是如此，尽管使用的软件相同，但不同的设计师需要满足不同的设计需求。

如图A04-1所示为电商设计师的工作职责。电商设计师要负责店铺整体装修以及产品详情页、主图、钻石展位图、直通车图等的设计。此外，还需要根据活动主题制定相应的设计，日常也需要对店铺产品图的设计进行优化。

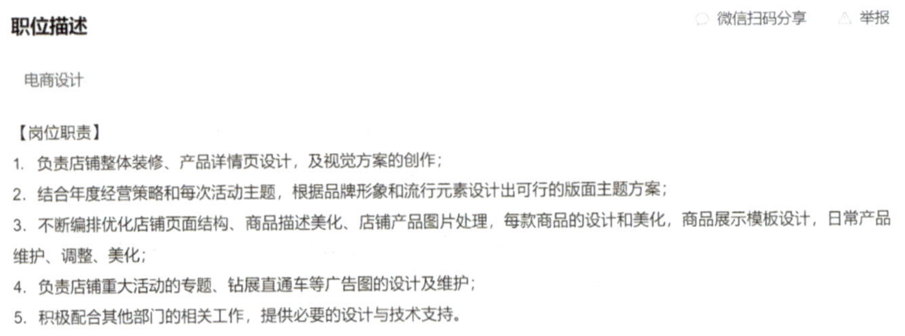

职位描述 ☐ 微信扫码分享 ☐ 举报

电商设计

【岗位职责】
1. 负责店铺整体装修、产品详情页设计，及视觉方案的创作；
2. 结合年度经营策略和每次活动主题，根据品牌形象和流行元素设计出可行的版面主题方案；
3. 不断编排优化店铺页面结构、商品描述美化、店铺产品图片处理，每款商品的设计和美化，商品展示模板设计，日常产品维护、调整、美化；
4. 负责店铺重大活动的专题、钻展直通车等广告图的设计及维护；
5. 积极配合其他部门的相关工作，提供必要的设计与技术支持。

图A04-1
（资料来源：专业招聘网站）

如图A04-2所示为平面设计师（游戏方面）的工作职责。可以看到平面设计师的工作内容为线上平台广告图以及网页页面设计，还需要负责公司企业VI手册的设计，日常要配合其他部门完成内部设计（包括海报、招聘、宣传等设计）。

如图A04-3所示为UI设计师的工作职责。可以看到UI设计师（游戏方面）的工作内容为游戏App端的界面设计，包括整体的页面布局、按钮图标的设计，最主要的是交互动画的设计，需要与产品经理、技术部门对接。

A04.1 共同之处
A04.2 不同之处
A04.3 电商设计师的优势总结

职位描述 微信扫码分享 举报

游戏

岗位职责:
1. 负责上线期游戏推广广告设计（线上平台商店页、广告图、游戏活动H5页面、游戏活动网页等），配合游戏宣传工作;
2. 负责部分公司企业VI系统设计，日常配合行政等横向部门企业内部设计（海报、邮件、招聘、企业宣传等设计工作）。

图 A04-2

（资料来源：专业招聘网站）

职位描述 微信扫码分享 举报

视觉设计 原型设计 交互设计 游戏端 界面设计 切图和标注 图标设计

岗位职责:
1.负责手机游戏的UI及界面的设计制作（布局、功能、按钮、风格、交互动画等）;
2.与策划共同设计手机游戏的UI、UE，用UI、UE提升游戏整体设计效果;
3.与技术部门人员讨论UI的实现流程和技巧，并验收完成效果;
4.参与游戏产品前期UI界面研究、设计流行趋势分析和游戏产品的用户体验研究，设定产品的整体视觉风格（游戏界面和图标）和交互的制定和规范。

图 A04-3

（资料来源：专业招聘网站）

电商设计师的设计内容主要是店铺的产品图设计以及装修设计。如图A04-4～图A04-6所示分别为主图、详情页以及首页效果，电商促销的气氛很浓厚。

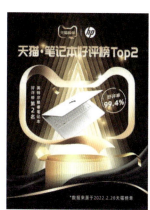

图 A04-4

图 A04-5

图 A04-6

（资料来源：惠普中国官方旗舰店）

如图 A04-7 所示为小程序页面设计，属于平面设计师的设计内容。平面设计师的工作内容很多，涵盖各个方面，如 logo 设计、小程序 H5 页面设计，以及产品海报、节气海报、电影海报、企业 VI 手册设计等。

图 A04-7

（资料来源：星巴克小程序、海底捞小程序）

UI 设计师的工作内容注重交互，注重用户体验，如网页页面设计、手机 App 页面设计等，如图 A04-8 和图 A04-9 所示，这些是 UI 设计师的日常工作，当然也包括一些平面的物料制作。

图 A04-8

图 A04-9

A04.2.2　工作技能的不同

电商设计师与平面设计师、UI 设计师所需要的技能是不一样的。

电商设计师需要掌握的技能主要是针对店铺的设计，包括网页设计和平面设计。另外，电商设计师也需要根据市场调研设计对应的产品图，还需要掌握销售心理学等方面的知识。如图 A04-10 所示为某电商设计师岗位要求。

任职要求：
1. 有女装电商视觉主设经验，有较强的视觉表现能力，优秀的美术功底，电子商务、艺术设计等相关专业，大专以上学历；
2. 1~3年平面设计相关工作经验，或有成熟设计作品；
3. 精通色彩设计，图形设计，信息可视化和视觉排版，并对色彩、材质、工艺、版面、字体等均有良好的把控能力；
4. 具备良好的团队合作能力和沟通能力，能顺畅开展跨部门、跨公司的合作工作，具有良好的职业道德素质，能吃苦耐劳，工作细心，责任感强；
5. 能熟练操作和运用各种设计制作软件，有扎实的美术功底和较强的设计能力，精通Photoshop、Illustrator、Dreamweaver、C4D、CAD等主流设计软件；
6. 熟悉淘宝后台操作（图片空间，店铺页面装修）；
7. 熟练掌握产品上架及店铺首页设计图片及推广创意素材规格尺寸；
8. 熟悉创意素材分类及影响点击率的因素。

图 A04-10
（资料来源：专业招聘网站）

可以看到，电商设计师需要精通 Photoshop、Illustrator、Cinema 4D、CAD 等软件，对色彩搭配、版面设计、字体有很好的把控能力，最主要的是熟悉淘宝等电商平台，能够完成店铺装修等工作，从而提高店铺产品的点击率。

平面设计师需要掌握的技能主要是线上的广告设计，如海报设计、H5 页面设计等，如图 A04-11 所示。

任职资格
1. 专业美术院校本科以上学历，熟练操作苹果电脑，熟练运用Photoshop、Illustrator、Adobe Indesign等各种设计软件；
2. 成熟的设计思维和表现手段，能够高效率地完成海报、VI设计及其他平面设计工作，并有大量成功案例；
3. 具备敏锐的观察力，独特的视觉感受能力，扎实的美术功底及艺术修养，设计语言丰富且有创造力；
4. 有责任心和团队合作精神；
5. 有海报设计工作经验及成熟作品者优先。

岗位描述：
1.准确掌握客户意图，完成相关平面设计等工作；
2.参加公司项目创意策划会。

图 A04-11
（资料来源：专业招聘网站）

平面设计师接触到的三维设计可能不是很多，所以在软件技能这方面很多公司不会要求平面设计师掌握三维软件。

UI 设计师需要掌握的技能主要是交互设计，如 App 的页面设计、PC 端的网页设计、图标的设计，需要掌握切图、前端编程等技能，如图 A04-12 所示。

任职要求：
1.本科及以上学历，美术设计相关专业，熟练使用AI、PS、Illustrator、Axure等设计软件，对H5、CSS、div等代码有一定了解者优先；
2.2年以上PC和移动端界面设计经验，能够高效快速地创作PC以及移动端的整体UI界面；
3.具备良好的审美能力、深厚的美术功底，有较强的产品交互设计和平面设计能力；
4.对色彩、布局有自己的独到见解，有产品思维，能从全局角度理解产品；
5.完成两个以上的成功项目或者作品，制定过PC和移动平台的设计规范；
6.具备出众的创意构思能力，优秀的设计理念和思维，良好的沟通、团队协作能力；
7.对用户体验和易用性有敏锐的把握能力；
8.对互联网产品有深入认识和理解，有大型互联网工作经验者优先。

图 A04-12
（资料来源：专业招聘网站）

UI 设计师除了要掌握 Photoshop、Illustrator、Cinema 4D，还需要掌握 Axure、切图软件，也需要对前端代码有所了解。另外，UI 设计师要熟知 PC 和移动平台的设计规范，应注重用户体验。

通过以上介绍，相信大家已经对不同的设计师岗位的要求以及工作内容有所了解。

A04.3　电商设计师的优势

为什么学习电商设计的人越来越多，电商设计师与其他设计师相比有哪些优势？

首先，电商设计好入门、易上手，对于初学者比较友好。

其次，电商设计工作岗位多。除了一线城市，其他城市对于 UI 设计师的需求不是很多，但随着电商平台越来越多，线上交易占有越来越大的比重，店铺对于电商设计师的需求增多。而且电商设计师的工作内容较为固定。平面设计师负责的内容比较多，包括线上、线下设计图的制作等，电商设计师主要负责店铺产品的页面设计，其他工作占的比重很小。

最后，发展前景较好。电商设计师接触的设计类型多种多样，有平面产品图设计，也有 3D 建模的场景设计，还涉及视频拍摄、剪辑以及动效制作等，对于之后自身的发展有很大的帮助，而且转岗也会比较容易。

总结

电商设计师与其他设计师的共同点在于，都需要具备良好的审美能力和创造力，能够运用各种设计工具和技巧创作吸引人的作品。此外，他们都需要不断学习新的技能和知识，以便更好地适应不断变化的市场需求。

电商设计师与其他设计师的不同之处在于，电商设计师专注于电子商务领域，需要了解电子商务平台的运营方式和用户需求，并能够根据这些信息设计网页和移动端界面。此外，还需要了解销售知识、用户心理、用户体验、操作、交互等方面的知识。

总之，电商设计师与其他设计师在某些方面是相似的，但也有一些独特的特点和要求。如果想成为一名优秀的电商设计师，就需要不断地学习新的知识和技能。

读书笔记

随着电商行业对设计师水平要求的不断提高,仅仅掌握 Photoshop 这款软件已经不能满足行业需求。因此,电商设计师需要不断学习新的软件技能。电商设计师需要掌握哪些软件呢?

A05.1　电商设计师需要掌握的软件

不同类型的电商行业对电商设计师的岗位要求不尽相同。但是,我们可以从招聘信息中提取一些共性。如图 A05-1 所示为某招聘网站上的招聘要求,从中我们可以看到,电商设计师需要精通 Photoshop、Illustrator 和 Cinema 4D 等软件,并且需要掌握手绘、简单的视频剪辑和特效制作等技能。

加分项:3D建模打光渲染技能;

具备专业软件操作运用技能,PS /AI / Illustrator/Dreamweaver / C4D或其他渲染软件;

熟练使用PS,AI,DW等设计软件,会网店铺装修设计,熟悉店铺的购物及装修流程;

精通PS、AI、ID等设计类软件,熟悉线上各类页面设计;
熟悉C4D设计、动效、动画/视频制作者优先。

图 A05-1
(资料来源:专业招聘网站)

如图 A05-2 所示为 Photoshop、Illustrator、Cinema 4D、After Effects 和 Premiere Pro 软件的图标。因为本书主要使用 Photoshop 这款软件,所以本课将详细介绍 Photoshop 软件的相关知识,其他软件只做简单介绍,感兴趣的读者可以自行安装这些软件并了解它们的具体功能。

图 A05-2

A05.2　Photoshop 简介

Photoshop 是一款图形图像处理软件,是电商设计师、平面设计师、视觉设计师和 UI 设计师等进入设计行业必须掌握的基础软件之一。

那么,我们应该从哪些方面开始学习 Photoshop 呢?Photoshop 的启动界面如图 A05-3 所示。下面将重点介绍【新建】和【打开】两个功能。

单击【新建】按钮,可以创建合适的画布/画板,从而在画布/画板中进行设计工作。单击【打开】按钮,可以在软件中打开想要处理的素材图片。

新建画布之后,会进入操作界面,如图 A05-4 所示。左侧的【工具栏】和右侧的【功能面板】可以根据个人习惯自定义位置。Photoshop 中提供了大量的工具,可以在【工具栏】中某项工具图标上右击,打开工具列表,选择其他工具。需要说明的是,Photoshop 各版本的使用界面和大部分功能都是通用的,不必担心版本不符而有学习障碍。可以根据自己的计算机配置选择适合的软件版本。只要掌握了一个版本的使用,就可以举一反三,学会其他版本。

图 A05-3

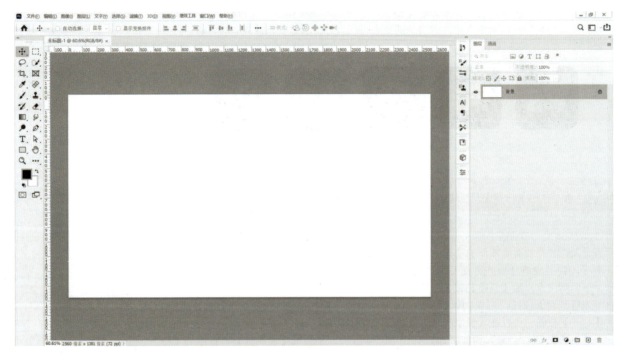

图 A05-4

A05.2.1　Photoshop 之图层

在 Photoshop 中，最基础的功能面板是【图层】面板。学习 Photoshop 时，必须明确图层的概念。只有这样，才能在设计过程中避免混乱，并能有针对性地进行修改。

那么，什么是图层，图层又有哪些类别呢？

简单来说，图层就是图像的层次结构。可以把图层想象成一张张透明胶片，在每张胶片上涂上不同颜色的颜料，并将所有胶片叠加起来，就完成了整幅作品。需要注意，图层具有层级关系，上层图层会覆盖下层图层。也就是说，如果上层图层有内容，会遮盖下层图层同一区域的内容。

Photoshop 中有多种类型的图层，不同类型的图层具有不同的特点，如普通图层、背景图层、智能对象图层、调整图层、填充图层、视频图层、矢量图层、3D 图层、文字图层等，如图 A05-5 所示。在使用过程中，要选择最合适的图层类型。

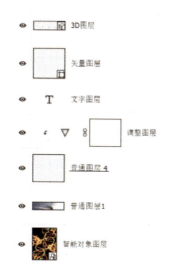

图 A05-5

在设计过程中，建议为每个图层命名，这样无论是前期制作还是后期修改，都能节省设计师的时间，并给人一种专业且有条理的印象。

不同的设计文件中，图层数量也不尽相同。如图 A05-6 所示，可以在 Photoshop 工作界面左下角选择【图层计数】选项，以查看对应文件的图层数量。同时，也可以选择其他选项，查看相关信息。

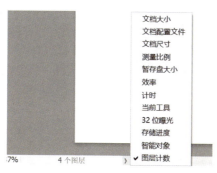

图 A05-6

A05.2.2　Photoshop 之蒙版

在 Photoshop 中，除了图层，蒙版也是重点内容。利用好蒙版，可以制作出不同寻常的效果。Photoshop 中有四种蒙版：图层蒙版、矢量蒙版、快速蒙版、剪贴蒙版。

图层蒙版就好像为图层披上一件隐形披风，通过蒙版可以控制图层是否完全隐形（看上去像空图层）、部分隐形（看上去像被删除一部分）或者完全暴露（正常显示）。图层蒙版的创建方式如图 A05-7 所示，选择素材或想要创建图层蒙版的图层，在【图层】面板中单击下方的【添加图层蒙版】按钮。

图 A05-7

　　我们可以在图层蒙版中将不需要显示的内容利用【画笔】（前景色为黑色）进行擦除，如需要将隐藏的内容显示出来，再利用【画笔】（前景色为白色）涂抹。所有的操作是在图层蒙版中完成的，对于原图像的信息没有破坏。当然，在使用【画笔】涂抹的时候，属性栏中【不透明度】和【流量】不同会有不一样的效果。如图 A05-8 所示，给"图层 0"添加图层蒙版，新建图层并填充为黑色放在之下，【画笔】的【不透明度】和【流量】均为 100% 时，用【画笔】在蒙版中涂抹一下，效果如图 A05-8 右图所示。

图 A05-8

　　将【不透明度】和【流量】调为 50%，效果如图 A05-9 所示。由此可以得出，【画笔】的【不透明度】和【流量】的大小直接影响蒙版中显示区域的虚实。如果在【不透明度】和【流量】较小的状态下调整蒙版中显示的区域，可进行多次涂抹。另外，调整【不透明度】和【流量】的原因是有时不需要让画面的内容完全隐藏。

图 A05-9

　　矢量蒙版的用途与图层蒙版类似，也是通过蒙版控制图层是否完全隐形。矢量蒙版的创建方式如图 A05-10 所示。选择

【钢笔工具】，在属性栏中选择【路径】，在画面中勾勒路径，单击属性栏中的【蒙版】按钮，即可创建矢量蒙版。更改锚点，可以改变矢量蒙版的显示范围。

图 A05-10

创建快速蒙版是为了更好地选取区域，快捷键为Q。按Q键可以在标准模式和快速蒙版模式之间切换。可以使用【画笔】【铅笔】等编辑工具来增加和减少蒙版面积来确定选区。快速蒙版的创建方式如图A05-11所示。选择图层，单击【以快速蒙版编辑】按钮，前景色为黑色，使用【画笔】工具在画面中涂抹出想要的范围，再单击【以标准模式编辑】按钮，画面中就会出现选区，可以根据需要考虑是否反选选区。

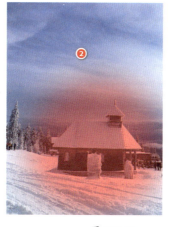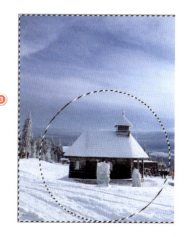

图 A05-11

剪贴蒙版是通过下方图层的形状来限制上方图层的显示范围，也可以说是将上方图层对象置于下方图层的形状内，形成一种遮罩的效果。剪贴蒙版的创建方式如图A05-12所示。选择想要创建剪贴蒙版的素材，使用【矩形工具】拖曳一个矩形框，在上方图层右击，在弹出的快捷菜单中选择【创建剪贴蒙版】命令，则素材只能在矩形框内显示。

图 A05-12

A05.2.3　Photoshop 之批量自动

除了图层和蒙版，Photoshop 还有一个比较常用的功能——批量自动。Photoshop 可以记录某些操作指令，并可以自动将其应用在批量的任务上。

动作是指在单个文件或一批文件上执行的一系列任务，也就是 Photoshop 对文件的具体操作，如菜单命令、属性参数设置、图层操作等。动作可以被记录、编辑、自定义和批处理，也可以使用动作组来管理各组动作。

1.【动作】面板

打开本课素材图片，如图 A05-13 所示。

图 A05-13

执行【窗口】菜单中的【动作】命令，打开【动作】面板（快捷键为 Alt+F9），可以看到面板中有 Photoshop 自带的默认动作。例如，选择【木质画框 -50 像素】这个动作（如果没有找到这个动作，随意选择其他动作也可以），单击面板下方的【播放动作】按钮（见图 A05-14），Photoshop 便开始自动为图片加上了画框效果，如图 A05-15 所示。

图 A05-14　　　　　　　　　　图 A05-15

感兴趣的读者可以再试试其他动作。在面板菜单上可以加载更多的默认动作库，还可以通过【载入动作】命令载入外部 ATN 文件资源，以丰富动作库，从而一键做出很多复杂的效果，如图 A05-16 所示。

现在观察一下动作，展开【木质画框 - 50 像素】动作（见图 A05-17），可以发现里面有很多具体的步骤，这些步骤就是一个个动作，这些动作是如何被记录下来的呢？

图 A05-16

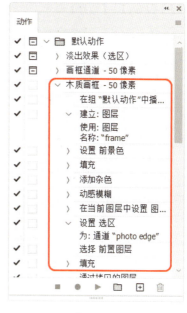

图 A05-17

下面就来学习记录动作的方法。

2．记录动作

01 首先单击【动作】面板下方的【创建新组】按钮，然后单击后面的【创建新动作】按钮，命名为"动作 1"。确定后，【动作】面板的记录功能就开启了，【开始记录】按钮变为红色状态。接下来所有实质性的操作都会被记录。例如，执行【选择】菜单中的【全部】命令，如图 A05-18 所示。

图 A05-18

02 此时，【动作】面板中就会多出一条【设置 选区】动作记录，如图 A05-19 所示。

图 A05-19

03 执行【选择】-【修改】-【边界】命令，如图 A05-20 所示，将边界宽度设为 70 像素。

图 A05-20

04 执行【图像】-【调整】-【色阶】命令，将白场高光值设置为 45，如图 A05-21 所示。

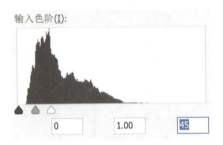

图 A05-21

05 按 Ctrl+D 快捷键取消选择，图片效果如图 A05-22 所示。

图 A05-22

06 至此，【动作】面板已将上述步骤一一记录下来，如图 A05-23 所示。

图 A05-23

07 单击【停止记录】按钮，这一系列动作记录完成。再次单击【开始记录】按钮，可以继续追加记录。选择某条记录，单击【删除】按钮，可以删除该步骤的记录。

3．播放动作

记录好的动作就好像是流水线上的程序一样，换一张其他的图片，选择【动作1】，单击【播放动作】按钮，便可以套用这个动作，快速做出类似的效果，如图 A05-24 所示。

原图　　　　　　　　　　执行动作后

图 A05-24

因此，当有多个工作需要重复类似的操作时，就可以将其录制为动作，然后一键完成，效率将大大提升。但是，如果有 1000 张这样的图片需要处理，每张图片都要打开，然后播放并套用动作，再保存，这也是相当麻烦的。为了解决这个问题，Photoshop 提供了处理器功能，不需要手动打开和保存，即可完成批量操作。

4. 图像处理器

首先将待处理的图片集中存放在一个文件夹里。当然，我们在学习批处理流程时，不用真的找 1000 张图片，用五六张代表即可，处理器的批量操作是一样的。

打开【文件】菜单，执行【脚本】-【图像处理器】命令，打开【图像处理器】对话框，如图 A05-25 所示。

图 A05-25

01 选择保存待处理图片的文件夹的位置。
02 设定好处理完的图片存储的文件夹位置。
03 设定图片的存储类型和品质。
04 选择要使用的动作，如选择刚记录的【动作 1】。
05 运行。

接下来 Photoshop 开始自动工作，过一会儿直接打开第（2）步设定的文件夹就可以收取图片了。

Photoshop 中还有许许多多的功能命令和工具，本课只是浅显地介绍基础功能，更为详细专业的知识可以参考敬伟编著的《Photoshop 从入门到精通》。

A05.3　Illustrator 简介

　　Illustrator 是一款矢量软件，可用于 logo 设计、字体设计、插画设计和图文排版等任务。大多数线下物料都需要使用这款软件来制作，该软件也可以用于制作线上广告。Illustrator 的工作界面如图 A05-26 所示。

图 A05-26

A05.4　Cinema 4D 简介

　　Cinema 4D 是一款三维软件。现在电商设计行业越来越多地使用产品建模和渲染，由于三维设计比平面图更为立体、有质感，因此备受设计师喜爱。Cinema 4D 的工作界面如图 A05-27 所示。设计师可以自由地设计模型、添加灯光和材质，并进行渲染。渲染后，可以将模型拖入 Photoshop 中进行后期处理。

图 A05-27

A05.5　After Effects 简介

　　After Effects 是一款图形、视频处理软件,适用于从事视频特效设计的设计师。使用该软件,可以完成视频片头的 logo 动效、动画制作等任务。After Effects 的工作界面如图 A05-28 所示。

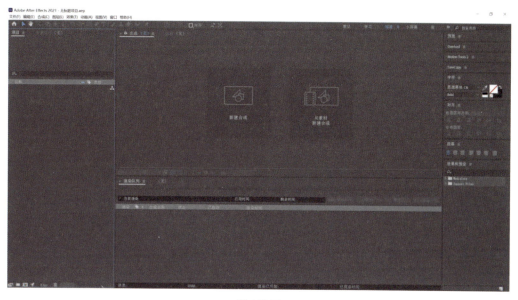

图 A05-28

A05.6　Premiere Pro 简介

　　Premiere Pro 是一款视频编辑软件。虽然市面上有很多剪辑软件,但如果想要进行专业的视频剪辑,这款软件是必须掌握的。如今,短视频剪辑非常流行,因此电商设计师也需要掌握一些基本的剪辑技术。Premiere Pro 的工作界面如图 A05-29 所示。

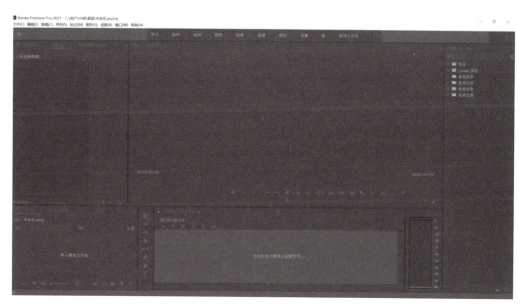

图 A05-29

总结

  本课介绍了电商设计师需要掌握的软件，这些软件的工作界面都可以进行自定义编辑。当然，并不是所有的岗位都要求设计师掌握这些软件，有些岗位也可能会要求设计师掌握其他设计软件。如果想要进入电商设计行业，必须了解这个行业需要掌握的软件，并不断学习，掌握更多的技能。

读书笔记

A06课 人工智能与电商设计

2023年年初，ChatGPT这款人工智能程序在互联网上引发了轰动。有人认为这是技术革命，也有人担心人工智能将取代大量程序技术人员，导致失业潮。事实上，人工智能不仅对程序员产生影响，也将给设计行业带来重大变革。设计人员可以利用人工智能来完善系统架构和修改设计图。

那么，人工智能与电商设计之间有什么联系呢？

人工智能技术可以为电商设计提供更智能化的解决方案，从而提高电商设计效率和用户体验。其应用场景如下。

（1）推荐系统：电商平台可以利用人工智能技术构建推荐系统，根据用户历史浏览、购买行为和其他因素推荐商品，可以提高推荐的准确性和用户的购买效率，从而提高电商平台的销售额。

（2）智能搜索：人工智能技术可以帮助电商平台构建更智能化的搜索引擎，提供更精准的搜索结果。例如，可以利用自然语言处理技术让搜索引擎理解用户搜索意图，提供更符合用户需求的搜索结果。

（3）聊天机器人：电商平台可以利用人工智能技术构建聊天机器人，帮助用户解决问题和提供服务。这可以提高用户体验，减少客服工作量，同时可以提高电商平台效率。

（4）数据分析：电商平台可以利用人工智能技术对海量数据进行分析，发现潜在商业机会和用户需求。这可以帮助电商平台更好地了解用户需求，提供更符合用户需求的产品和服务，从而提高销售额。

那么，人工智能对电商设计又有哪些革命性影响呢？

首先，人工智能可以帮助电商设计师创作和完善设计图。例如，设计师可以利用人工智能根据产品或主题创作场景图、logo、字体和插画等，只需要输入需求关键词即可。

其次，人工智能也可以帮助电商设计师生成具有模特画面的试穿效果图，从而节约聘请模特的成本以及节省拍摄模特所需的时间，而且人工智能还可以自动生成商品描述、广告语等内容，以提高营销物料的生产效率。

但是，请不要认为人工智能会取代电商设计师这个岗位。在思维和灵感方面，人工智能仍然无法超越人类。设计师应该充分利用人工智能这个辅助工具，帮助设计师创作更精美、更有价值的设计图。

本课将介绍两款常用的人工智能绘画工具：Midjourney 和 Leonardo AI。

A06.1　Midjourney 简介

Midjourney 是一款基于人工智能技术开发的文本生成图像程序。它可以根据文本输入生成符合描述的图像，这对设计师或创意人士非常有用，尤其是在插画领域，只要 prompt（提示词）足够精确，Midjourney 就可以生成所需的插画，如图 A06-1 所示。

图 A06-1

A06.1　Midjourney 简介
A06.2　Leonardo.Ai 简介
总结

图 A06-1（续）

A06.1.1　Midjourney 的服务器创建及使用

要使用 Midjourney，需要在 Discord 上加入 Midjourney 服务器，与聊天机器人进行交互。下面是使用 Midjourney 的一些基本步骤。

01 在 Discord 上注册账号，搜索并加入 Midjourney 频道；或者在 Midjourney 官网上注册，如图 A06-2 所示。

图 A06-2

02 在 Midjourney 频道内，向聊天机器人发送一条指令，例如"生成一张猫的图片"（注意，提示词要求用英文输入，还需要先输入"/imagine prompt"）。

03 Midjourney 会根据文本描述生成四张符合要求的图像（可以按 U 和 V 按钮生成大图或细化）。

需要注意的是，Midjourney 程序生成的图像结果存在一定的随机性和不确定性。生成的图像可能会因输入的文本描述不同而产生差异。同时，Midjourney 程序的图像生成能力也受其参数设定影响，因此可能存在一定局限性和不足之处。

总之，要使用 Midjourney，需要加入 Midjourney 服务器，通过与聊天机器人交互来生成图像。通过不同的文本描述，可以生成符合要求的图像，也可以尝试不同的创意和设计方案。

下面介绍创建服务器的方法，如图 A06-3 所示。创建自己的服务器可以保存自己生成的图片并快速浏览，以防生成的图片被其他人刷新而无法找到。

图 A06-3

仅创建服务器并不能生成图片,还需要将 Midjourney 机器人添加到自己的服务器中,如图 A06-4～图 A06-6 所示。首先在 Midjourney 服务器中找到 Midjourney Bot,单击【添加至服务器】按钮,选择已创建的服务器并授权。接下来就可以在聊天框中输入指令,生成图片了。

图 A06-4

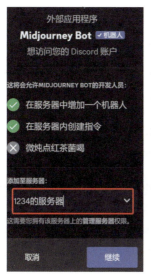

图 A06-5

图 A06-6

A06.1.2　Midjourney 的提示词及其细化

想要通过 Midjourney 得到图片，需要输入足够精确的提示词。提示词不同或不够精准，生成的图片也会有很大区别。在聊天框中输入"/imagine prompt"后（输入"/"时会出现选项，选择第一个即可），就可以按需求输入提示词了，如图 A06-7 所示。编写提示词时要注意以下几点。

◆ 具体而清晰：应该提供足够的细节，以便生成的结果更加具体和清晰。可以使用描述性的形容词、名词和动词来描绘场景的各个方面，如颜色、形状、大小、运动等。

◆ 上下文相关：确保提示词与所需图片的上下文相关。提供一些关键信息，如地点、时间、背景故事或其他相关细节，以便生成的结果更符合预期。

◆ 情感指导：如果希望生成的结果带有特定的情感色彩，可以在提示词中加入形容词或副词来描述所需情感，如欢乐、悲伤、紧张等。

◆ 适度限制：根据需要，可以在提示词中添加适度的限制，以控制生成的结果，如指定特定的条件、要求或限制。

◆ 多次尝试：如果一次生成的结果不完全符合预期，可以尝试多次修改和调整提示词。通过不断尝试和改进，可以获得更满意的结果。

图 A06-7

◆ 英文输入：提示词必须用英文输入。可以利用翻译软件，或者借助 ChatGPT 生成提示词。

下面用一个生成电饭煲场景图的例子进行演示。输入"Rice cooker on the rock The light is warm Green environment--ar1:1"，Midjourney 就会按照该提示词生成图片，如图 A06-8 所示。

图 A06-8

生成图片时，图片下方会出现 U1、U2、U3、U4 和 V1、V2、V3、V4 等按钮，如图 A06-9 所示。

U 表示放大选中图片。U1 表示放大左上角图片，U2 表示放大右上角图片，U3 表示放大左下角图片，U4 表示放大右下角图片。例如，在图 A06-9 中单击 U2 按钮，则会放大显示右上角图片。

图 A06-9

V 表示在选中图片的基础上再细化生成四张新图,场景不会发生很大变化。V1 表示细化左上角图片,V2 表示细化右上角图片,V3 表示细化左下角图片,V4 表示细化右下角图片。例如,在图 A06-9 中单击 V2 按钮,则会以右上角图片为基础,细化生成四张新图,效果如图 A06-10 所示。

图 A06-10

生成的新图只在细节上有些许更改。也可以在原始提示词后添加新的提示词进行细化。这就需要将原始图片的seed保存下来，并在其后添加新的提示词。

有时，我们需要按照一定格式表述并明确关键词，这样生成的图片才会更贴近我们所需的场景。关于格式，在这里不再赘述，读者可以参考官方给出的格式。

官方模板很简单，分为四个部分，分别是：①主体；②细节和背景；③风格、媒介、艺术家；④参数。

A06.1.3　Midjourney的参数及关键词

下面介绍Midjourney的一些常用的参数和关键词。

简单来说，参数可以理解为官方固定的提示词模板。我们在"/imagine prompt"后输入提示词，然后在提示词后添加参数。具体来说，就是让提示词包含一些特殊字符，让模型按照设定的参数生成，并提升准确度和输入效率。同样的prompt，参数不同，生成的模型也不一样。

常用的参数包括长宽比、多样性/随机性、质量、风格等。添加时，需要在提示词后加空格，然后输入参数（必须在英文状态下输入）。

（1）长宽比：--ar 或 --aspect。Midjourney中默认长宽比为1∶1，有时候我们想要的长宽比是9∶16或者其他比例，这时就需要手动添加参数。如图A06-11所示，设置长宽比为2∶3，提示词为"some lemon bread on a cut out tray with a glass of milk, in the style of high quality photo,light yellow --ar 2∶3"。

图 A06-11

（2）多样性/随机性：--c 或 --chaos，范围是0～100，默认是0。该参数主要控制模型的随机性或多样性，数值越大，生成的四张图随机性就会越大；数值越小，一致性会越高。

（3）质量：--q 或 --quality，数值有0.25、0.5、1和2。这代表需要花费多少时间来渲染成图。默认值为1，值越大成本越高，值越小成本越低（Midjourney需付费使用，按图片张数或渲染时间计费）。

（4）风格：--s 或 --style，主要控制生成图片的风格化程度。数值越小，越符合提示词的描述；数值越大，艺术性就越强，和提示词的关联性就越弱。

Midjourney 中还有很多参数，在这里就不一一介绍了，有兴趣的读者可以自行查阅。

关键词是更专业的形容词，如果想要生成符合自己需求的模型，就必须使用更精确的关键词，这样才能更贴近预期。下面简单介绍一些关键词。

（1）视角描述：a bird's-eye view（鸟瞰图）、aerial view（航拍图）、top view（顶视图）、bottom view（底视图）、look up（仰视）、high angle view（高角度视图）、ultra wide shot（超广角）、depth of field (dof)（景深）等。

（2）光照描述：cold light（冷光）、fluorescent lighting（荧光灯）、crepuscular ray（黄昏射线）、Rembrandt lighting（伦勃朗照明）等。

（3）媒介描述：illustration（插画）、oil painting（油画）、sketch（素描）、marker（马克笔）等。

（4）分辨率描述：1080p、2K、4K 等。

除了以上提到的关键词，还有很多关键词可以添加到提示词中，Midjourney 会根据输入的关键词进行输出。

A06.2　Leonardo.Ai 简介

人工智能绘画工具有很多种类，Leonardo.Ai 也是其中之一。在某些方面，它比 Midjourney 更好用。

Leonardo.Ai 是一个人工智能绘图社区，也是一个绘图工具。它深度集成了 Stable Diffusion 的各种插件，如 open pose（姿势参考）、局部重绘、提示词等，甚至还提供了傻瓜式在线训练自己模型的功能，如图 A06-12 所示。

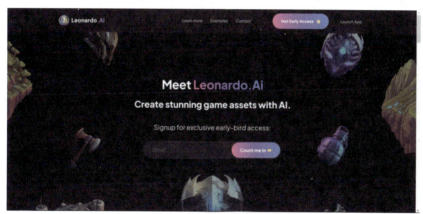

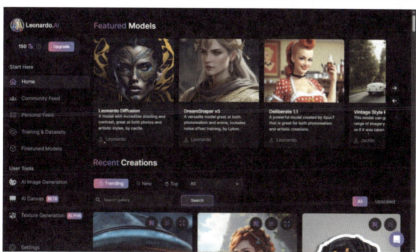

图 A06-12

Leonardo.Ai 有很多不同类型的模型，用户可以选择一种进行生成。例如，在如图 A06-13 所示的界面中选择 Luna，则会进入设置页面。

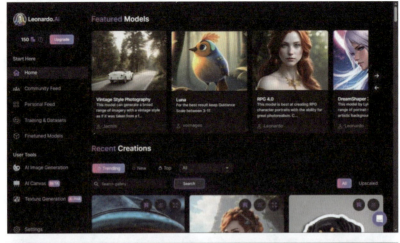

图 A06-13

可以在左侧选择想要设置的参数，如分辨率，右侧第一行就是提示词，如图 A06-14 所示。提示词可以利用翻译软件或 ChatGPT 生成，也可以上传图片进行生成。

图 A06-14

另外，也可以让 Leonardo.Ai 生成提示词，数量有 2、4、6、8、10、15、20、25 供选择，如图 A06-15 所示。

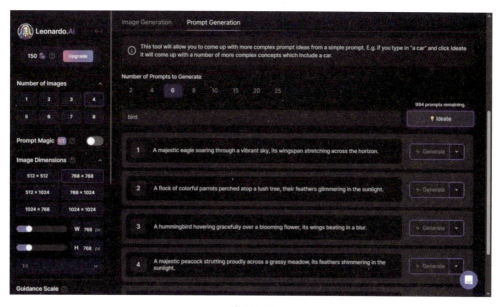

图 A06-15

Leonardo.Ai 最神奇的地方是可以找到提示词。如图 A06-16 所示，看到别人生成的图片，单击就可进入详细的参数界面，这可以作为非常好的参考。

图 A06-16

如图 A06-17 和图 A06-18 所示为利用 Leonardo.Ai 生成的图片模型，读者可以自行尝试。

图 A06-17

图 A06-18

总结

　　关于使用人工智能进行设计的基础知识先介绍到这里,感兴趣的读者可以自行查找相关资料学习。需要注意的是,人工智能只是作为设计师的辅助工具来使用,设计师的技术功底仍然是至关重要的。我们不应该过度依赖人工智能,应该虚心学习并不断提升自己的技术水平,只有这样才能够成为优秀的电商设计师。

 读书笔记

B 新鲜美工篇

软件应用 设计要素

本篇主要讲解设计的理论知识,包括排版构图、色彩搭配、产品调色、产品精修以及透视搭建等内容,只有掌握基础设计理论知识,才能明白应该怎么设计,为之后实战设计打下坚实的基础。

B01课 排版构图

在电商设计中,排版构图是最基础也是许多设计师做不好的内容之一。所有设计都需要进行排版构图,文案需要排版,产品需要构图。电商设计领域中的产品海报、主图、详情页、首页等页面设计都需要进行排版构图。只有做好这些,页面看起来才有层级、有逻辑,才会给消费者传达清晰明了的信息。

本课带领大家理解以及掌握排版构图的组成元素以及常用的构图方法,通过实例练习进一步掌握排版构图的精髓。

接下来,我们将开始电商设计中排版构图的学习之旅。

B01.1 什么是排版构图

排版构图其实属于平面设计的领域。在平面设计中,版式与构图是基础。电商行业兴起之后,人们意识到仅仅依靠实拍图已经不能更好地推销产品了,需要设计师去设计产品海报。在产品海报的设计过程中,设计师会自然而然地运用平面设计中的设计手法。在电商设计中,文案起到产品介绍和活动优惠说明的作用,而产品则是主体,主体的位置可以随时变化,不同的位置会产生不同的视觉效果,这时就要考虑构图了。

不管是竖版还是横版的设计图,在设计过程中都需要注意排版构图,如只有对文案进行排版,消费者才知道什么是重点信息。如图 B01-1 所示,左侧是文案,右侧是产品,该设计图采用的就是左右构图,背景以及装饰元素则体现出春节的氛围。

图 B01-1
(资料来源:三只松鼠旗舰店)

因此,排版构图就是各个元素在画面中大小、位置的合理布局。合理的布局可以使设计图看起来整齐、平衡和易于阅读,而不合理的布局可能导致设计图看起来杂乱无章。

可以将图中的组成部分分为主体、文案、背景和元素,这样在设计的时候思路就会比较清晰。首先将文案以及产品放到合适的位置,然后根据产品制作合适的背景,最后放一些相关的元素进行装饰,一张产品海报就完成了。

B01.2 版式设计中的两大元素

电商版式设计中有两大元素:产品和文案。如图 B01-2 所示,左侧是文案,右侧是产品展示。

B01.1 什么是排版构图
B01.2 版式设计中的两大元素
B01.3 常用的构图结构
B01.4 实例练习
B01.5 作业练习——运动鞋海报设计
总结

图 B01-2
（资料来源：BEATS 官网）

也可以将文案与产品放在其他位置。如图 B01-3 所示，文案在上方，产品在下方。

图 B01-3
（资料来源：索尼旗舰店）

大家要把电商设计和排版设计区分开来，做电商设计时，一定要避免使用冗长的文字，因为电商设计图的尺寸是固定的，图中不仅有文案，还有产品、元素以及背景。

前面说到文案排版时要有层级，一般来说一张海报中文案分三个层级：主要信息、次要信息和补充说明／装饰性文字。如图 B01-4 所示，①处是主要信息，②处是次要信息，③处是装饰性文字。一定要注意，不是层级越多，信息表达越清楚明白，有时层级过多反而导致画面混乱。

图 B01-4

（资料来源：李宁官方旗舰店）

主要信息是重点，有时候需要设计师做字体设计；次要信息可以加上一些装饰框；装饰性文案或补充说明性文字一般采用比较细的字体，且字号较小，如图 B01-5 所示。

图 B01-5

（资料来源：李子柒旗舰店）

需要注意的是海报中的字体不要过多，主要信息可以做字体设计，其他文字尽量采用免费可商用的字体。

文案排版还需要注意对齐和对比。常用的对齐方式有左对齐、右对齐以及居中对齐，如图 B01-6 所示是居中对齐。

图 B01-6

对比就是突出重点信息，对比的方式有很多种，如颜色对比、大小对比、形状对比等。例如，我们将主要信息进行字体设计，其余的文字使用免费商用字体，这就形成了对比；或者在次要信息上加一个颜色框，如图 B01-6 中"文案排版要认真地学习"，也是一种对比。

B01.3 常用的构图结构

电商设计中常用的排版构图有上下构图、左右构图、居中构图、对角构图、放射构图等。

如图 B01-7 所示为左右构图，一般常用于横版广告图。

图 B01-7
（资料来源：小米官网）

如图 B01-8 所示，构图方式为上下构图，一般用于竖版海报。

图 B01-8

（资料来源：苹果官网）

如图 B01-9 所示，构图方式为居中构图，一般用于展示产品。

图 B01-9

（资料来源：安踏官方旗舰店）

B01.4 实例练习

B01.4.1 实例练习一——优惠券设计

本实例练习的参考效果如图 B01-10 所示。马上到电商促销节了，老板让小森做一张大额的优惠券，为的就是更好地吸引消费者。接下来跟随小森制作优惠券，学习排版技巧并掌握电商优惠券排版样式。

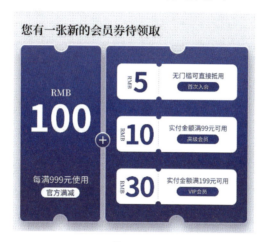

图 B01-10

操作步骤

01 新建画布，命名为"优惠券"，设定尺寸为 1500 像素 ×1330 像素，【颜色模式】为【RGB 颜色】，【分辨率】为 72 像素/英寸。

02 使用【矩形工具】拖曳一个与画布相同大小的矩形框，设置【填充】为灰色（色值为 R：230、G：230、B：232），执行【滤镜】—【杂色】—【添加杂色】菜单命令，设置【数量】为 2.5%，【分布】为【平均分布】，选中【单色】复选框，如图 B01-11 所示。

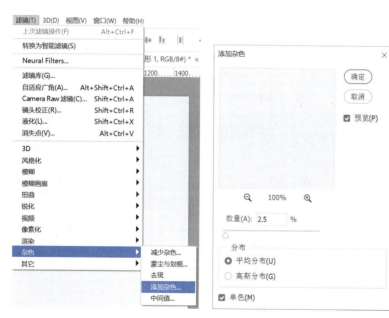

图 B01-11

03 使用【矩形工具】拖曳一个尺寸为510像素×1075像素的矩形框,设置【填充】为白色,命名为"左侧"。设置【圆角】为30像素,如图B01-12所示。双击"左侧"图层,选择【混合选项】选项,打开【图层样式】对话框,选中并打开【斜面和浮雕】【描边】【渐变叠加】选项卡,如图B01-13所示。

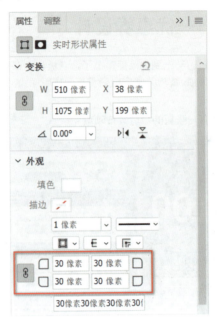

图 B01-12

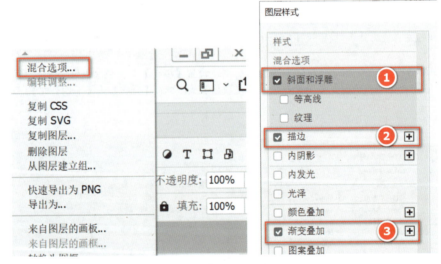

图 B01-13

04 设置【斜面和浮雕】效果,如图B01-14所示。

① 【结构】设置:【样式】为【内斜面】;【方法】为【平滑】;【深度】为636%;【方向】为【上】;【大小】为10像素;【软化】为9像素。

② 【阴影】设置:【角度】为90度;【高度】为30度;【高光模式】为【正常】,色值为#ffffff;【不透明度】为27%;【阴影模式】为【正常】,色值为#101a78;【不透明度】为39%。

05 设置【描边】效果,如图B01-15所示。设置【大小】为6像素;【位置】为【内部】;【混合模式】为【正常】;【不透明度】为100%。设置【填充类型】为【颜色】,色值为#ffffff。

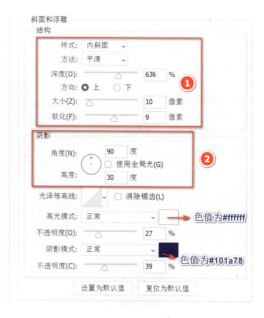

图 B01-14

图 B01-15

06 设置【渐变叠加】效果。单击【渐变】色条，在弹出的对话框中双击更改渐变色值，左侧色值为#4052fb，右侧色值为#0e1874，单击【确定】按钮，如图 B01-16 所示。

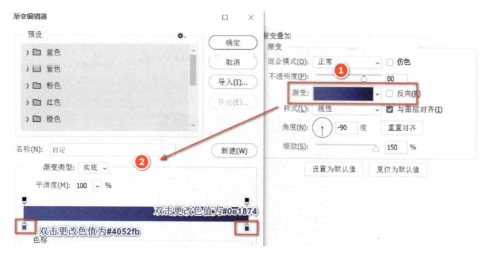

图 B01-16

其他渐变设置参考图 B01-17。

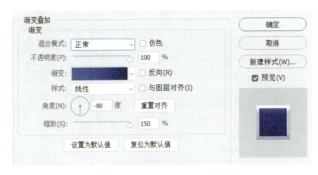

图 B01-17

07 单击【确定】按钮,完成【图层样式】的设置。效果如图 B01-18 所示。

图 B01-18

08 使用【矩形工具】拖曳一个尺寸为 895 像素 ×1075 像素的矩形框,设置【填充】为白色,命名为"右侧"。设置【圆角】为 30 像素,选择做好效果的"左侧"图层,右击,在弹出的快捷菜单中选择【拷贝图层样式】命令,再选择"右侧"图层,右击,在弹出的快捷菜单中选择【粘贴图层样式】命令,如图 B01-19 所示。完成制作"右侧"图层的效果,如图 B01-20 所示。

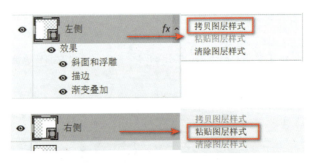

图 B01-19

图 B01-20

09 使用【椭圆工具】拖曳两个直径为 80 像素的正圆,设置【填充】为白色,与"左侧"图层居中对齐,正圆的圆心处于"左侧"图层的上下两边,效果如图 B01-21 所示。

图 B01-21

10 按住 Ctrl 键单击"椭圆 1"的缩略图,载入椭圆选区,再按住 Ctrl+Shift 键单击"椭圆 2"的缩略图,加选椭圆 2 的选区,如图 B01-22 所示。再选择"左侧"图层,按住 Alt 键在图层列表下方单击【添加图层蒙版】按钮,然后把两个图层隐藏,效果如图 B01-23 所示。

图 B01-22

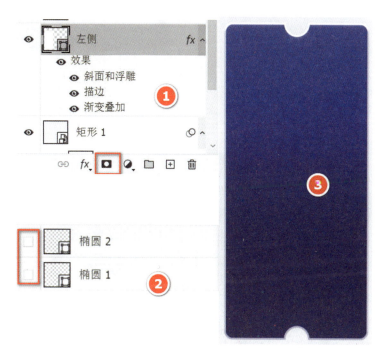

图 B01-23

11 对"右侧"图层执行同样的操作,完成优惠券背景的制作,如图 B01-24 所示。

图 B01-24

⑫ 使用【矩形工具】拖曳一个尺寸为 750 像素 ×215 像素的矩形框,设置【填充】为白色,命名为"小优惠券"。设置【圆角】为 30 像素,参照步骤(9)制作优惠券的样式。选择【钢笔工具】的【形状】模式,在选项栏中设置【填充】为无,【描边】选择纯色(色值为 R:14、G:27、B:151),【像素】为 1 像素,【格式】为虚线。按 Ctrl+J 快捷键复制两次"小优惠券",调整三个"小优惠券"的距离,如图 B01-25 所示。

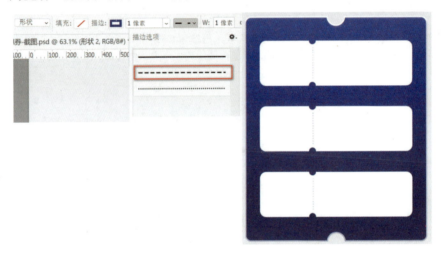

图 B01-25

⑬ 使用【文字工具】将文案编辑出来,调整文案的大小以及字重,字体颜色为白色和蓝色(蓝色色值为 R:14、G:27、B:151)。使用【椭圆工具】拖曳一个直径为 95 像素的正圆,调整【填充】为白色,粘贴之前做好的图层样式。使用【文字工具】输入"+",调整【填充】为白色,与绘制的圆形居中水平对齐。优惠券就制作完成了,效果如图 B01-26 所示。

图 B01-26

B01.4.2　实例练习二——电商网页 banner 设计

本实例练习的参考效果如图 B01-27 所示。跟随小森制作电商网页 banner，并掌握电商网页排版的基本技巧。

图 B01-27

操作步骤

01 新建画布，命名为"电商网页 banner"，设定尺寸为 1920 像素 ×1080 像素，【颜色模式】为【RGB 颜色】，【分辨率】为 72 像素 / 英寸。

02 将模特素材拖进画布，按 Ctrl+T 快捷键进行自由变换，等比调大图片，使其填充整个画布。使用【矩形工具】拖曳一个尺寸为 1920 像素 ×1080 像素的矩形框，调整【填充】为黑色，【不透明度】为 50%，如图 B01-28 所示。

图 B01-28

03 使用【矩形工具】拖曳一个尺寸为 600 像素 ×600 像素的矩形框，调整【填充】为黑色，复制"模特"图层，将其置于矩形框图层之上，选择复制的模特图层，右击，在弹出的快捷菜单中选择【创建剪贴蒙版】命令，如图 B01-29 所示。

图 B01-29

04 按 Ctrl+T 快捷键进行自由变换，等比调小复制的模特图层。使用【文字工具】输入文案，根据需求调整【大小】与【字重】的参数，完成电商网页 banner 的制作，如图 B01-30 所示。

图 B01-30

B01.4.3　实例练习三——游戏手柄海报设计

本实例练习的参考效果如图 B01-31 所示。跟随小森利用 Photoshop 和人工智能制作游戏手柄海报，掌握利用人工智能生成图片的技术，为电商设计更好地服务。

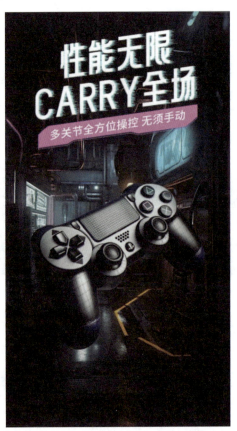

图 B01-31

操作步骤

01 打开 Midjourney 网站，首先生成科技感背景，背景尺寸比例为 16:9；再利用"图生图"功能生成游戏手柄。

当我们想要生成背景或者产品时，需要注意的是提示词的写法，这里提供一种格式：主体＋风格＋媒介＋渲染＋灯光，当然也可以加上环境、构图、颜色、心情等。

本实例中，背景的提示词为"科技场景＋赛博朋克风格＋游戏元素＋4K＋工业设计＋灯光"，翻译成英文为"Technological scene+cyberpunk style+game elements+4K+industrial design+lighting"。输入之后，得到的背景如图 B01-32 所示。

图 B01-32

02 单击 U4 按钮生成大图，如图 B01-33 所示。

图 B01-33

03 单击【上传文件】按钮，如图 B01-34（a）所示，上传游戏手柄的线稿图，接着单击线稿图，放大后选择【在浏览器中打开】选项，然后右击，在弹出的快捷菜单中选择【复制图片地址】命令，如图 B01-34（b）所示，这样就会以线稿为基础生成产品图，再编写产品的提示词，这里想要的效果是"游戏手柄（主体）＋紫蓝黑色调（风格）＋碳纤维材料（材质）

+高细节+4K+工业设计+白色背景（容易抠图）+工作室照明（照明方式）"，翻译成英文为"Gamepad+purple blue black tone+carbon fiber material+high detail+4K+industrial design+white background+studio lighting"。

（a）

（b）

图 B01-34

04 在聊天框中输入"/imagine prompt"，在后面粘贴刚才复制的图片链接，再输入产品的提示词（Gamepad+purple blue black tone+carbon fiber material+high detail+4K+industrial design+white background+studio lighting），输入完成后按 Enter 键就生成了游戏手柄图，如图 B01-35 所示。

图 B01-35

05 单击U3按钮，生成游戏手柄大图，如图B01-36所示。将生成的背景和游戏手柄拖进Photoshop，并将手柄抠出来，放到背景下方位置，如图B01-37所示。背景上方为文案位置，这里采用的是上下构图。

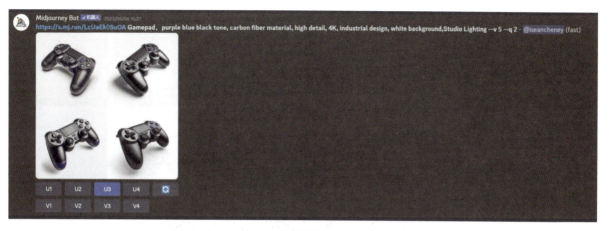

图 B01-36

06 利用【曲线】【色相/饱和度】【可选颜色】等调色命令分别对背景和游戏手柄进行调色处理，效果如图B01-38所示。关于调色的具体知识将在B03课详细介绍。

图 B01-37　　　　　　　　　图 B01-38

07 使用【文字工具】输入文案"性能无限CARRY全场"，按Ctrl+T快捷键进行自由变换，使其变倾斜，再按Ctrl+J快捷键复制文案，设置【颜色】为青色（色值为R：79、G：242、B：255），执行【滤镜】-【风格化】-【风】菜单命令，设置【方法】为【风】，【方向】为【从右】，如图B01-39所示。单击【确定】按钮，多执行几次，效果如图B01-40所示。

图 B01-39

图 B01-40

08 选择【钢笔工具】的【形状】模式，勾勒不规则多边形，调整【填充】为洋红色（色值为 R：245、G：79、B：255），按 Ctrl+J 快捷键复制，设置【填充】为无，【描边】为纯色（色值为 R：245、G：79、B：255），【像素】为 2 像素，【格式】为实线。使用【文字工具】输入副标题文案，完成游戏手柄海报的制作，如图 B01-41 所示。

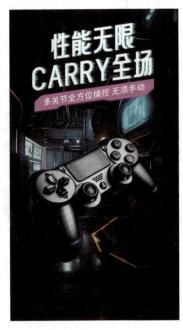

图 B01-41

B01.5　作业练习——运动鞋海报设计

小森想买一双运动鞋用来锻炼身体，却在浏览商品时感到犹豫，海报的设计和色彩并没有让他心动，他开始琢磨自己能否设计出一张更吸引人的运动鞋海报。小森坐在电脑前想象这张海报的内容和形式，他想到了海报上的各种元素：颜色、图片、字体和排版等。最终，小森成功地设计了一张令自己满意的运动鞋海报，这张海报不仅让他自己心动，也能够吸引更多人的注意。

本作业练习的参考效果如图B01-42所示。

图 B01-42

作业思路

将鞋子图片抠出来，放在画布中，采用上下构图，文案做出层级，颜色做出对比，给鞋子添加投影。

主要技术

（1）【钢笔工具】。
（2）【文字工具】。
（3）【图层样式】。
（4）【矩形工具】。

总结

本课主要学习排版构图。设计图中的两大元素为文案和产品，文案和产品在画面中的位置即为构图，常用的构图方式有上下、左右、对角等；文案在展现的时候需要排版，分好主次层级才可以让消费者清晰明了地接收信息。排版构图是电商设计的基础，必须要牢牢掌握。

　读书笔记

B02课 色彩搭配

设计师必须要打好的基础包括三大构成，分别是色彩构成、平面构成和立体构成。在电商设计中，色彩搭配一直是一个难点，每个人对于颜色的感知是不一样的，审美也各不相同，很多人不知道应该怎么进行色彩搭配，也不知道怎么根据产品制作合适的背景。

本课讲解色彩的基本概念、色彩的三要素和色彩的搭配方式，并通过实例练习进一步讲解色彩搭配的技巧。

接下来，我们将开始电商设计中色彩搭配的学习之旅。

B02.1 色彩的基本概念

色彩是人们普遍共享的审美观的核心，是一种极为敏感的视觉元素。作为最具表现力的要素之一，色彩的独特展示可以直接引起人们的情感反应。色彩分为两大类：有彩色系和无彩色系，如图 B02-1 所示。

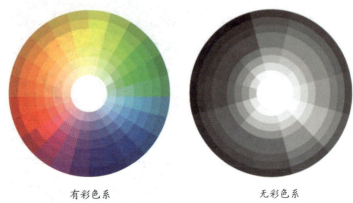

图 B02-1

有彩色系为常见的红、橙、黄、绿、青、蓝、紫等，主要看其色相、饱和度以及明度；无彩色系为黑色、白色以及不同深浅的灰色，即饱和度为 0 的颜色。

B02.2 色彩的三要素

前面说到有彩色系主要看其色相、饱和度以及明度，这就是色彩的三大要素。

在 Photoshop 的拾色器中，色相、饱和度以及明度的位置如图 B02-2 所示，色相、饱和度以及明度的数值范围都是 0～255，能组合出 1600 多万种颜色。

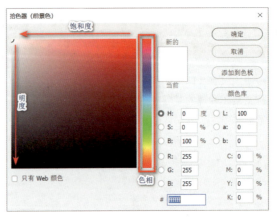

图 B02-2

- B02.1　色彩的基本概念
- B02.2　色彩的三要素
- B02.3　色彩搭配的方式
- B02.4　实例练习
- B02.5　作业练习——全球狂欢季海报设计
- 总结

（1）色相（H）：颜色的种类，如红色、黄色、绿色等各种不同的颜色，如图 B02-3 所示。色相环中，成 180 度的对称颜色被称为互补色，即蓝色与黄色为互补色，绿色与品红色为互补色，红色与青色为互补色。

图 B02-3

（2）饱和度（S）：颜色的鲜艳程度。例如，浅红和深红，淡绿和深绿，是指一种颜色的不同深浅。如图 B02-4 所示，上图饱和度值为 -100，成了黑白图片，下图饱和度值为 +70，色彩非常鲜艳。

图 B02-4

（3）明度（B）：颜色的明暗。例如，亮红色和暗红色，明黄色和暗黄色。如图 B02-5 所示，左上图明度值为 +70，画面偏亮，右上图明度值为 -40，画面偏暗，下面为原图。

图 B02-5

B02.3　色彩搭配的方式

做设计必须要学会色彩搭配。色彩搭配的方式有很多种，这里只讲最常用的，也是最好用的色彩搭配方式。画面中的色彩分类是有秩序的，有层级的。如图 B02-6 所示，画面的色彩分别为主色、辅助色和点缀色。

图 B02-6

- 主色：主色是指在配色中处于支配地位的色彩，同时担任画面主角，占据画面的大部分面积。主色一定要契合设计主题，符合产品调性。
- 辅助色：辅助色在画面中的面积仅次于主色，最主要的作用就是突出主色，同时也使画面的色彩更丰富。
- 点缀色：点缀色主要具有衬托主色与承接辅助色的作用，通常在画面中占据很小的一部分，可以使画面更加完善，有时也可作为强调色来使用，强调突出产品的特点或活动优惠。

如图 B02-7 所示，海报的整体色彩是依据产品和场景搭配的，产品为青色，即主色；背景的绿色（树木）是辅助色，用于衬托产品，烘托健康的氛围感；黄色（小精灵和荧光）可以看作点缀色。

图 B02-7
（资料来源：苏宁易购官方旗舰店）

当然有时候画面中的颜色分布不是很明确，主色、辅助色以及点缀色划分得比较模糊，这时候再另做分析。

在设计过程中，常用的色彩搭配方式有如下几种。

（1）同类色配色。同类色是指在色相环内相隔 15°左右的两种颜色，如图 B02-8 所示。同类色对比较弱，整体感觉统一、柔和，但仍可以利用明度、饱和度和色彩渐变来增强视觉效果，如图 B02-9 所示。

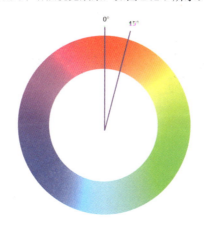

图 B02-8

图 B02-9

（资料来源：苹果官网）

（2）邻近色配色。邻近色是指在色相环内相隔 60°左右的两种颜色，如图 B02-10 所示。邻近色对比较弱，适用于需要传递柔和、和谐、温暖或冷静感的设计，效果如图 B02-11 所示。

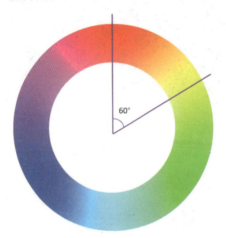

图 B02-10

图 B02-11

（资料来源：天猫旗舰店）

（3）类似色配色。类似色是指在色相环内相隔 90°左右的两种颜色，如图 B02-12 所示。类似色对比不强，给人的感觉是统一、舒适，但不单调，效果如图 B02-13 所示。

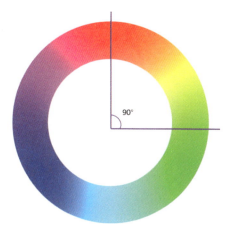

图 B02-12

图 B02-13

(资料来源:天猫旗舰店)

（4）对比色配色。对比色是指在色相环内相隔120°左右的两种颜色，如图B02-14所示。对比色对比较强，给人一种强烈、冲击、醒目的感觉，效果如图B02-15所示。需要注意，不要过度使用或频繁切换对比色。长时间暴露在强烈对比的环境中可能会引起视觉疲劳，影响用户体验。

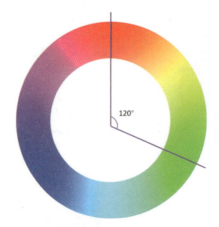

图 B02-14

图 B02-15

（资料来源：网易严选）

（5）互补色配色。互补色是指在色相环内相隔180°左右的两种颜色，如图B02-16所示。互补色对比最强，可使画面具有很强的冲击力，突显产品，效果如图B02-17所示。需要注意的是，互补色使用不当很容易引发视觉疲劳。

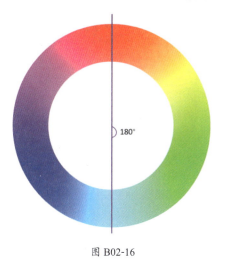

图B02-16

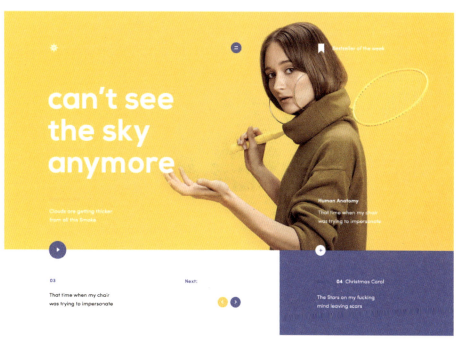

图B02-17

（资料来源：Behance）

B02.4　实例练习

B02.4.1　实例练习一——女装banner设计

本实例练习的参考效果如图B02-18所示。跟随小森制作女装banner，采用互补色配色方法，结合B01课中讲解的排版构图知识制作一张女装banner。

图 B02-18

操作步骤

01 新建画布，命名为"女装 banner"，设定尺寸为 1920 像素×1000 像素，【颜色模式】为【RGB 颜色】,【分辨率】为 72 像素 / 英寸。

02 使用【矩形工具】拖曳一个尺寸和画布一样的矩形框，命名为"背景"，设置【填充】为黄色（色值为 R：255、G：224、B：140）。使用【椭圆工具】拖曳一个直径为 910 像素的正圆，设置【填充】为蓝色（色值为 R：7、G：19、B：141），放在画布中央。按 Ctrl+J 快捷键复制两个圆形，分别放在画布的左上角和右下角，如图 B02-19 所示。

图 B02-19

03 将提前抠好的模特素材放在画布中央，在图层列表中双击"模特"图层，打开【图层样式】对话框，选中并打开【投影】选项卡，参数的参考数值如图 B02-20 所示。单击【确定】按钮，投影效果如图 B02-21 所示。

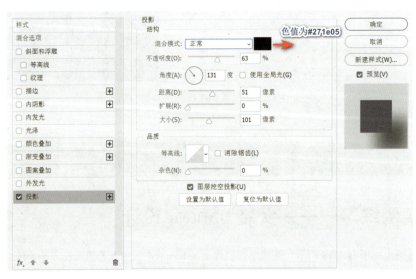

图 B02-20

图 B02-21

04 使用【文字工具】创建文本"NEW ARRIVAL",在属性栏中设置【文本颜色】为蓝色(色值为 R:8、G:19、B:136),将该文字图层置于模特图层之下、正圆图层之上,如图 B02-22 所示。

图 B02-22

05 新建空白图层,置于文字图层之上,右击空白图层,在弹出的快捷菜单中选择【创建剪贴蒙版】命令,按住 Ctrl 键的同时单击正圆图层的缩略图,载入正圆的选区,如图 B02-23 所示。

图 B02-23

06 在空白图层上填充白色,制作正圆中白色文字的效果,按 Ctrl+D 快捷键取消选区。再利用【矩形工具】和【文字工具】配合制作"点击了解"按钮，完成女装 banner 的制作，效果如图 B02-24 所示。

图 B02-24

B02.4.2　实例练习二——口红海报设计

本实例练习的参考效果如图 B02-25 所示。跟随小森制作口红海报，掌握同类色配色方法，结合 B01 课中讲解的排版构图知识制作一张口红海报。

图 B02-25

操作步骤

01 新建画布，命名为"口红海报"，设定尺寸为 1200 像素 ×1800 像素，【颜色模式】为【RGB 颜色】，【分辨率】为 72 像素 / 英寸。

02 将口红素材拖进画布中，使用【矩形工具】拖曳一个与画布一样大小的矩形框，命名为"背景"，调整【填充】为红色（色值为 R：180、G：62、B：62），如图 B02-26 所示。

图 B02-26

03 使用【椭圆工具】和【矩形工具】将圆台创建出来，台面的【填充】设置为红色（色值为 R：250、G：125、B：127），台高的【填充】设置为红色（色值为 R：112、G：24、B：21），如图 B02-27 所示。

图 B02-27

04 利用【曲线】和【画笔工具】将台子的明暗做出来，营造立体感，如图 B02-28 所示。关于台子的制作方法，将在 B05 课详细介绍。

图 B02-28

05 按 Ctrl+J 快捷键复制口红素材，选择"复制的口红素材"图层，按 Ctrl+T 快捷键进行自由变换，在三角形中右击，在弹出的快捷菜单中选择【水平翻转】命令，再右击，在弹出的快捷菜单中选择【垂直翻转】命令，按 Enter 键确定，如图 B02-29 所示，完成口红倒影的制作。在图层列表下方单击【添加图层蒙版】按钮，选择【画笔工具】，设置【前景色】为黑色，在【图层蒙版】中将多余的部分擦除。

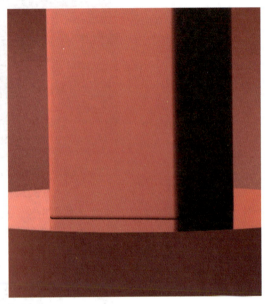

图 B02-29

06 新建图层，置于"背景"图层之上，选择【画笔工具】，设置【不透明度】和【流量】均为 100%，按 X 键不断切换前景色与背景色，在空白图层上单击黑白点，如图 B02-30 所示。

图 B02-30

07 执行【滤镜】-【液化】菜单命令，选择【向前变形工具】，【画笔工具选项】参数如图 B02-31 所示，其中【大小】可自行根据实际情况调节。

图 B02-31

08 在操作界面中涂抹，如果对效果不满意，可以按 Ctrl+Z 快捷键撤销操作重新涂抹，参考效果如图 B02-32 所示。

图 B02-32

09 设置"液化"图层的【混合模式】为柔光，【不透明度】根据实际情况调整，如图 B02-33 所示。这样海报的背景纹理就做好了。

图 B02-33

🔟 利用【文字工具】和【矩形工具】制作文案和装饰元素，如图 B02-34 所示。可以再进行精细处理，一张同类色配色的口红海报就制作完成了。

图 B02-34

B02.4.3　实例练习三——鼠标海报设计

本实例练习的参考效果如图 B02-35 所示。跟随小森制作鼠标海报，利用 Midjourney 生成撞色背景，进一步掌握色彩搭配技巧。

图 B02-35

制作思路

（1）撞色即为冷暖色调，可以是红蓝色调，也可以是青橙色调。在电商海报中，红色是一种常用的颜色，可以展现激情、火热的感觉，常用于促销海报中；而蓝色则多用于科技产品的海报中。采用红色与蓝色搭配，冷暖背景的对比可以使视觉效果更为炫酷。

（2）利用 Midjourney 生成背景或场景时，要注意提示词的编写方法。本例背景的提示词可以采用"颜色＋风格＋艺术表现"结构。

操作步骤

01 使用红蓝色调制作鼠标海报的背景。因为鼠标是一种电子产品，所以提示词可以总结为"红蓝冲撞＋未来风格＋扁平＋科技＋电脑场景＋高细节＋8K"，翻译成英文是"Red blue collision, futuristic style, flat, technological, computer scene, high detail, 8K"。打开 Midjourney 网站，输入该提示词，按 Enter 键就可以生成背景，效果如图 B02-36 所示。

图 B02-36

02 在四张图中选择一张冲撞破碎效果较为强烈的图片作为最终的背景，可以更好地体现科技感。单击 U4 按钮生成大图，将其拖进 Photoshop 中，在图层列表下方单击【创建新的填充或调整图层】按钮，分别选择【曲线】【色相/饱和度】【色彩平衡】选项创建调整图层。使用【曲线】调整背景图的明暗对比，使其对比更强；使用【色相/饱和度】调整背景图的饱和度，使其颜色更鲜艳；使用【色彩平衡】调整背景图的色调，使其趋向蓝色，增强科技感，如图 B02-37 所示。背景图效果如图 B02-38 所示。

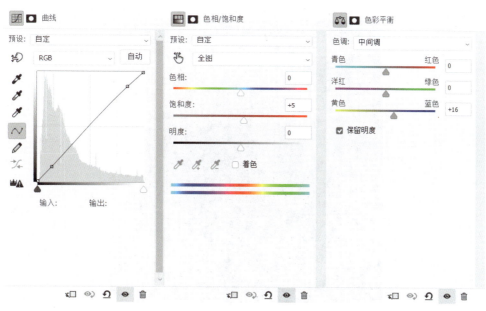

图 B02-37

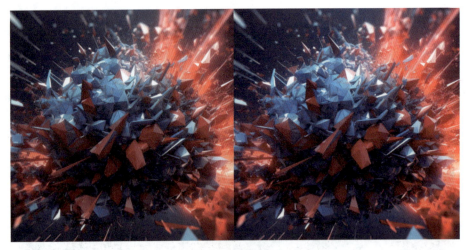

图 B02-38

03 将鼠标素材拖进刚才调整好的背景中,新建图层,选择【画笔工具】,设置【前景色】为黑色,将鼠标边缘涂黑,增强鼠标的对比度,如图 B02-39 所示。

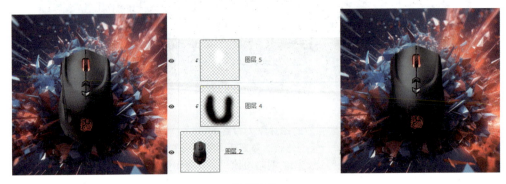

图 B02-39

04 至此,炫酷的鼠标海报就制作完成了,如图 B02-40 所示。

图 B02-40

B02.5 作业练习——全球狂欢季海报设计

全球狂欢季到了,小森想买一件冲锋衣,但在挑选时发现大部分海报的设计都比较陈旧,不符合目前的潮流。于是,他根据自己的创意,结合设计经验,制作了一张现代感十足的海报。该海报采用简洁明了的设计风格,配合大胆鲜艳的色彩和流畅的线条,充满了活力和时尚感。同时,该海报还突出了产品的特点和优势,能够吸引目标受众的眼球。

本作业练习参考效果如图B02-41所示。

图 B02-41

作业思路

抠出模特素材,以模特衣物的颜色为基础进行色彩搭配,可以将人物进行前后重叠展示。同时,为对背景添加粗糙的纹理效果。对于优惠券文案,需要进行合理排版。基于全球狂欢季活动需求,设计一张吸引人的海报。

主要技术

(1)【椭圆工具】。
(2)【文字工具】。
(3)【钢笔工具】。

总结

本课主要学习色彩搭配,色彩的三要素是色相、饱和度以及明度,最常用的配色手法是吸取产品本身的颜色,然后调整饱和度及明度。

色彩搭配的方式有同类色配色、邻近色配色、类似色配色、对比色配色以及互补色配色等,应根据产品海报的风格以及展现的场景搭配合适的颜色。色彩搭配在设计中起着至关重要的作用,正确运用可以引起观者的情感共鸣,增强设计作品的视觉吸引力。因此,电商设计师必须要牢牢掌握色彩搭配的方法。

B03课 产品调色

在电商设计中,调色是一项必不可少的后期处理技术。尽管现在的相机能够拍摄出清晰的产品或模特图像,但有时它们的色调并不符合我们的要求,因此需要设计师进行调色和精修。

调色是电商设计中不可或缺的一环,通过调整整体色调、增强细节和修正色彩偏差,设计师能够提升产品形象的质量和吸引力,使其符合品牌形象和目标受众的要求,让产品更具市场竞争力。

本课主要讲解调色的相关内容,并通过实例练习介绍多种调色工具的使用方法,包括色阶、曲线、色相/饱和度、色彩平衡和可选颜色。这些工具在调色过程中经常被使用,而且有时候需要结合使用才能达到能够商用的效果。

接下来,我们将开始电商设计中产品调色的学习之旅。

B03.1 调色的目的

为什么要对图片或产品进行调色呢?调色的目的是让产品图更"好看",吸引消费者点击了解,从而提高产品销量。通常情况下,实物照片直接用于海报可能并不具备吸引消费者的魅力,因此需要对商品照片进行调色处理,以确保其呈现出更好的效果。图B03-1所示为三只松鼠旗舰店的海报,鲜艳明亮的色调,让人食欲大增。

图 B03-1
(资料来源:三只松鼠旗舰店)

如图B03-2所示,手拿蛋糕的状态是前期由相机拍摄的。拍摄的图片可能会比较暗沉、没有光泽,这对食品宣传来说是大忌,展示的食品应该明亮、令人有食欲。因此,我们可以通过色阶、色相/饱和度、色彩平衡等调色工具实现更好的效果,吸引消费者购买。

B03.1 调色的目的
B03.2 电商设计中的调色
B03.3 常用的调色工具
B03.4 常用的调色方式
B03.5 实例练习
B03.6 作业练习——鞋盒场景调色
总结

图 B03-2

（资料来源：盼盼食品官方旗舰店）

不仅是食品图片需要调色，服装、电子产品、家居类等商品图片也都需要设计师进行颜色处理，如图 B03-3 所示。

图 B03-3

（资料来源：林氏家居官方旗舰店）

在服装类海报设计中，调色是非常重要的一步。如图 B03-4 所示的海报有一种加了滤镜的感觉，这可以通过提高饱和度和增加对比度来实现，从而使产品图片更加吸引人。提高饱和度可以使服装的颜色更加鲜艳，突出海报中的服装；而增加对比度可以增强图像的明暗对比，使细节更加清晰和鲜明，有助于突出服装的纹理、线条和细节，使整个海报更有视觉冲击力。

图 B03-4
（资料来源：优衣库官方旗舰店）

综上所述，调色的目的是提高产品的质感并改变产品的色调，以达到更好的视觉效果，满足设计需求。在前期拍摄阶段，有时候难以直接实现所需的色调效果，这时候可以借助图像编辑软件，如 Photoshop 进行后期处理。

B03.2 电商设计中的调色

下面介绍在电商设计中涉及调色的工作。

首先，在产品和模特拍摄完成后，设计师需要对图片进行精修，并根据想要展示的场景进行调色。如图 B03-5 所示，化妆品图片精修完成后，一定要进行调色。

图 B03-5
（资料来源：兰蔻官方旗舰店）

例如，在化妆品图片整体精修完成后，如果需要将整体颜色调整得更绿，则可以借助色彩平衡工具实现，如图 B03-6 所示。

图 B03-6
（资料来源：百雀羚旗舰店）

其次，在完成合成海报或场景搭建后，需要对画面整体进行调色以提升质感和层次感，使画面更丰富，如图 B03-7 所示。

图 B03-7
（资料来源：洋河官方旗舰店）

最后，在利用 3D 软件进行场景建模或产品建模后，导出到 Photoshop 中进行二次调色是一个常见的工作流程。虽然使用 3D 软件可以为图片添加颜色和纹理，但在渲染后可能会出现质感不够真实的情况。因此，电商设计师通常会使用 Photoshop 来对渲染后的图像进行进一步加工和调色，以使其更真实。

总之，调色在设计领域中无处不在。只要与图片相关，都需要调色。通过调色，设计师能够对图像进行更深入的加工和优化，以达到更真实和高质量的视觉效果，使产品更具吸引力。

B03.3　常用的调色工具

调色工具有很多，本课介绍色阶、曲线、色相/饱和度、色彩平衡、可选颜色这几种最常用的工具，其参数设置界面分别如图 B03-8～图 B03-12 所示。

图 B03-8

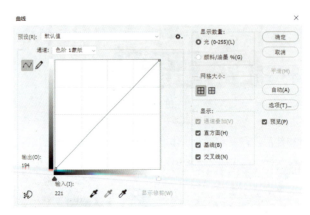

图 B03-9

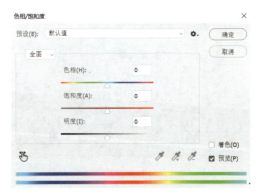

图 B03-10

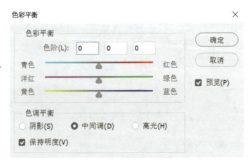

图 B03-11

图 B03-12

B03.3.1 色阶与曲线

色阶工具和曲线工具在电商设计中更多地用于调整画面的明暗对比。在【色阶】对话框中，可以通过调整黑、白、灰三个滑块来控制画面的明暗；而在【曲线】对话框中，可以通过控制黑、白滑块或在线上打点来控制画面的明暗对比。当然，色阶和曲线工具也可以用于其他方面，如光影处理，本课着重讲解如何利用这两种工具进行调色。

在前期处理图片时，我们可以利用色阶或曲线调整产品的明暗对比，提升画面质感。在设计完成后，我们也可以利用这两种工具对整体进行明暗调整，增强颜色之间的层次感。

如图 B03-13（a）所示，可以发现图片偏灰。我们想要去掉灰色，提升整个画面的质感，这时就可以利用色阶工具增强画面中的黑白对比，效果如图 B03-13（b）所示。

（a） （b）

图 B03-13

（原图作者：George Catalina）

图 B03-14（a）所示为灰色图片的色阶，可以看到，直方图显示颜色分布缺少黑色和白色；而图 B03-14（b）所示为调整完成后的颜色直方图，可以看到黑色和白色区域已经有颜色分布了。调整方法是移动黑、白滑块：黑色滑块往右移动，白色滑块往左移动。具体移动距离根据实际情况而定。

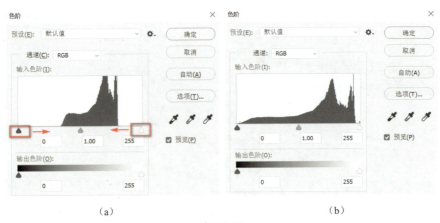

图 B03-14

曲线工具也是如此。如图 B03-15 所示,移动黑白滑块以调整画面的黑白对比,达到去灰的目的。

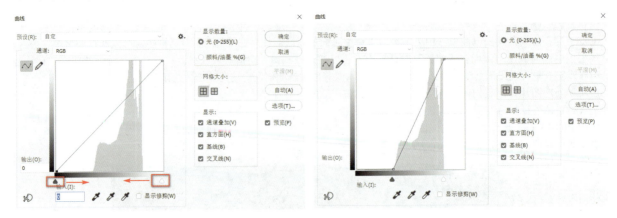

图 B03-15

也可以通过在线上打点(即单击)的方式调整图像曲线。这是一种常用方法,可以实现更精细的色调和对比度控制。相比于直接拖曳黑、白滑块来调整图像的黑、白对比度,打点调整具有更高的灵活性和精确度。在曲线上打点并向下拖曳,则画面会变黑,如图 B03-16 所示;在曲线上打点并向上拖曳,则画面会变亮,如图 B03-17 所示。

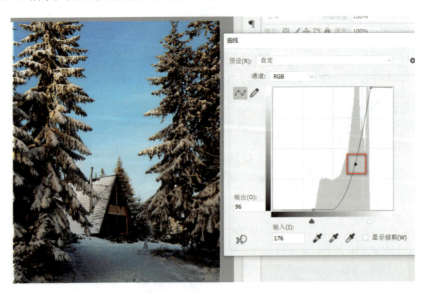

图 B03-16

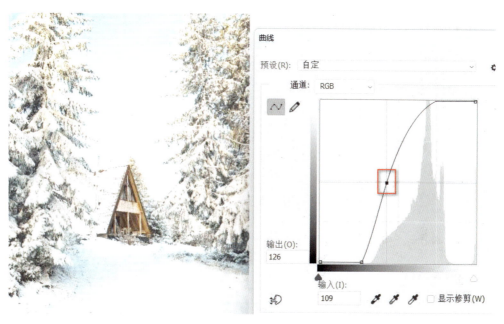

图 B03-17

当直接拖曳黑、白滑块时，会对整个图像的黑、白区域进行均匀调整，这可能导致画面中的黑、白对比过于生硬。而通过打点调整曲线，可以在曲线上添加多个点，每个点可以独立控制对应区域的亮度和对比度，可以实现更细致的调整，使得画面中的黑、白过渡更加柔和、自然。

曲线还可以用来调整画面的色调。如图 B03-18 所示，有三种单一通道：红色通道、绿色通道和蓝色通道。可以选择单一通道来调整画面的色调。

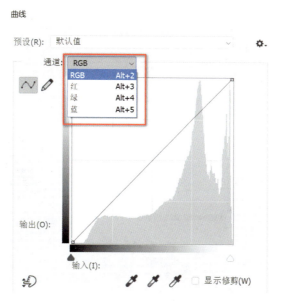

图 B03-18

例如，选择红色通道，在曲线上打点并向上拖曳，则画面中红色部分会增加，如图 B03-19 所示；向下拖曳则会添加青色调，如图 B03-20 所示。

色相环上，红色与青色、绿色与洋红色（品红色）、蓝色与黄色分别为互补色，曲线上的单一通道调整就是按照互补色调整。对应的，选择绿色通道，曲线打点向上拖曳则添加绿色色调，向下拖曳则添加洋红色色调；选择蓝色通道，曲线打点向上拖曳则添加蓝色色调，向下拖曳则添加黄色色调。

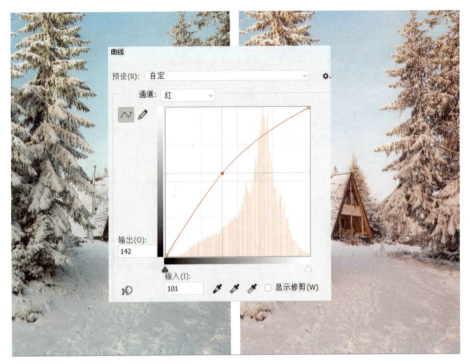

图 B03-19

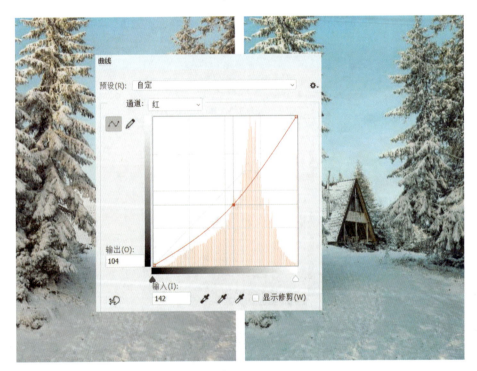

图 B03-20

B03.3.2 色相/饱和度

色相/饱和度是常用的调色工具，其参数设置界面如图 B03-21 所示。

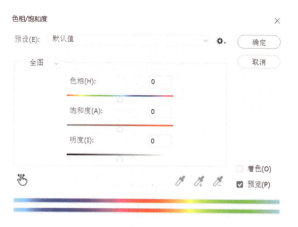

图 B03-21

如图 B03-22 所示，左图为原图，在【全图】模式下调整【色相】，会使整个页面发生变化。

图 B03-22
（原图作者：João Pedro Schmitz）

如果想要单纯地调整某一种颜色，可以展开【全图】下拉列表，选择一种颜色，如图 B03-23 所示。

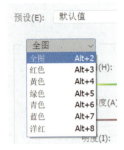

图 B03-23

例如，选择【红色】，再调整【色相】【饱和度】或【明度】，改变的只是含有红色区域的色相、饱和度或者明度，如图 B03-24 所示。

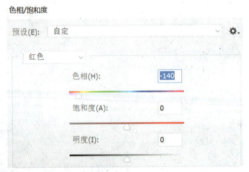

图 B03-24

设计师可以利用色相/饱和度工具对电商产品的颜色进行分类和调整，确保产品展示的颜色与实际产品一致，有助于消费者在购物过程中做出正确的选择，提高购买的满意度。

B03.3.3 色彩平衡

利用色彩平衡可以调整画面的色调，其参数设置界面如图 B03-25 所示。颜色对应和曲线工具中一样，青色对应红色，洋红对应绿色，黄色对应蓝色。如果滑块往青色方向移动，画面的青色部分就会增加，红色就会减少，其他两组颜色也是如此。

图 B03-25

图 B03-26（a）所示为原图，要想让画面更加温暖，可以增加画面的暖色色调，将滑块往黄色和红色方向移动，效果如图 B03-26（b）所示。

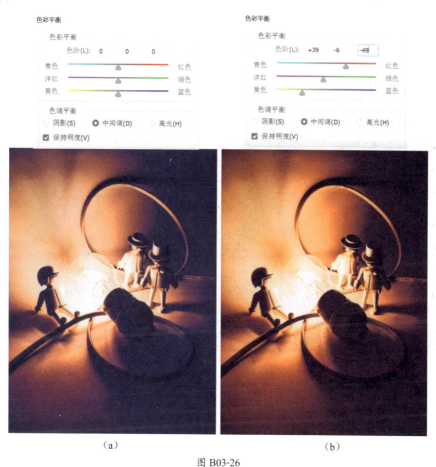

（a）　　　　　　　　　　　　　　　（b）

图 B03-26

（原图作者：Aaron Lee Kuan Leng）

上面调整的是中间调，如果需要调整阴影和高光，可以分别选中【阴影】和【高光】单选按钮进行调整，默认选中【保持明度】复选框。

色彩平衡主要应用在后期成图之后进行二次调色，以丰富画面的层次感。

B03.3.4 可选颜色

可选颜色也是常用的调色工具，其参数设置界面如图 B03-27 所示。可选颜色在需要对特定颜色进行针对性的修改时非常好用，它可以帮助设计师更准确地控制和调整图像中的颜色，以满足设计要求。

图 B03-27

可选颜色最初是针对印刷类的调色模式，后来应用面变得越来越广。从前面介绍的调色结果来看，无法单独调整某一种颜色，如果想要单独改变某一种颜色，可选颜色就是首选。

可以看到，图 B03-27 所示的颜色分类是青色、洋红色、黄色、黑色（CMYK）。如果想要改变产品或元素的颜色，就需要知道 CMYK 与 RGB 之间的关系，也就是减色模式与加色模式的关系，如图 B03-28 所示。

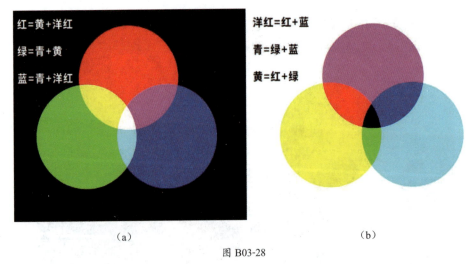

图 B03-28

由图 B03-28 可知，如果想要增加红色，就需要增加黄色和洋红色，减少青色（因为红色与青色为互补色）；如果想要增加绿色，就需要增加黄色和青色，减少洋红色（因为绿色与洋红色为互补色）；如果想要增加蓝色，就需要增加洋红色和青色，减少黄色（因为蓝色与黄色为互补色）；洋红色、青色与黄色也是如此，可参照图 B03-28（b）。

如图 B03-29 所示，想要把图中的红色变成青色，就需要先选择【颜色】中的【红色】，也就是说，想改变哪一种颜色就要选择什么颜色。

接下来把图 B03-30（a）中的红色调整为青色，根据图 B03-28 所示，减少黄色和洋红色，可以增加青色，参数和调色效果如图 B03-30（b）所示，可以看到樱桃已经变为青色了。

(a) (b)

图 B03-29

（原图作者：Mae Mu）

(a) (b)

图 B03-30

调整的数值不同，会出现不一样的颜色。关于【方法】中的【相对】和【绝对】，它们的区别是选中【绝对】单选按钮，调色效果要强烈一些。

除了以上介绍的色阶、曲线、色相/饱和度、色彩平衡、可选颜色这几种最常用的调色工具，还有很多其他的工具和命令。另外，有时候需要结合使用多种工具，才可以将颜色调整到位。

B03.4　常用的调色方式

调色方式有两种：一种是图像调整；另一种是调整图层。图 B03-31（a）所示为图像调整中的调色命令，图 B03-31（b）所示为调整图层中的调色命令。

（a） （b）

图 B03-31

二者看起来一样，它们之间有什么区别呢？

首先，图像调整中的命令直接应用于图像的像素上。也就是说，应用后会直接改变原图像的像素信息。如果想要二次修改，只能撤销重做，是不可逆的过程。

如图 B03-32 所示，将背景复制一次，在"图层 1"上添加曲线，直接改变黑白滑块位置。如图 B03-32（a）所示，可以看到"图层 1"的明暗对比直接改变了。再添加曲线，图像颜色直方图与之前相比发生了变化。如果要调整明暗对比，则需要在调整后的图像上进行调整。但原图像的颜色分布已经被破坏了，只能撤销重做。

 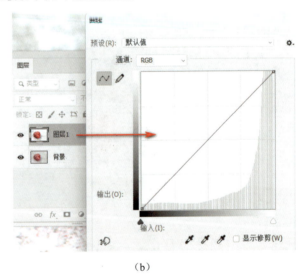

（a） （b）

图 B03-32

这时就可以换一种方法——添加调整图层。

如图 B03-33 所示，单击【图层】面板下方的【创建新的填充或调整图层】按钮，在弹出的菜单中选择【曲线】选项，得到一个新的图层——"曲线 1"。

图 B03-33

接下来调整曲线的黑、白滑块，改变明暗对比。会发现原图像的像素信息没有被改变。如果觉得效果不好想要二次修改，也可以在【属性】面板中重新调整曲线，如图 B03-34 所示。

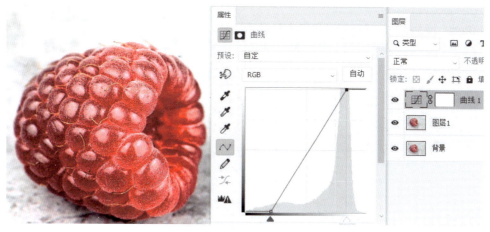

图 B03-34

在调整图层下，还可以关闭或打开图层以观察之前和之后的对比，并根据情况进行调整。最重要的是，在调整图层建立的调色命令后有一个图层蒙版，可以在蒙版中进行隐藏或保留操作，这样就可以将需要调整的区域在蒙版中显示出来，非常方便快捷。

但并不是所有调色都必须使用调整图层中的调色命令。如果调整完成后觉得不会再修改，则可以选择图像调整建立调色命令，毕竟利用调整图层调色会出现新的调色图层，这样会增加文件所占内存。如果图层过多，还可能导致作图过程中出现卡顿。

B03.5　实例练习

B03.5.1　实例练习一——短袖调色

本实例练习的参考效果如图 B03-35 所示。跟随小森将短袖调成多种颜色，掌握【色相/饱和度】调色工具的使用。

图 B03-35

操作步骤

01 新建画布，命名为"短袖调色"，设定尺寸为 2400 像素 ×2000 像素，【颜色模式】为【RGB 颜色】,【分辨率】为 72 像素 / 英寸。

02 将"蓝色短袖"拖进画布中，按 Ctrl+J 快捷键连续复制五次，分别命名为"蓝色短袖 1""蓝色短袖 2""蓝色短袖 3""蓝色短袖 4""蓝色短袖 5"，对其进行排列，如图 B03-36 所示。

图 B03-36

03 选择"蓝色短袖 1"图层，在图层列表下方单击【创建新的填充或调整图层】按钮，选择【色相/饱和度】选项创建调整图层，在图层列表中右击"色相/饱和度 1"图层，在弹出的快捷菜单中选择【创建剪贴蒙版】命令，将其剪贴进"蓝色短袖 1"图层中，如图 B03-37 所示。

图 B03-37

04 在【属性】面板中展开【全图】下拉列表，选择【蓝色】，调整【色相】为 +106，这样短袖就从蓝色变为紫红色了，如图 B03-38 所示。

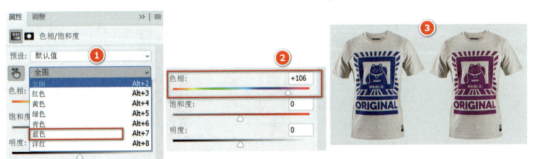

图 B03-38

05 变为其他颜色的操作按照上面步骤进行，六个颜色的短袖就制作完成了，如图 B03-39 所示。

图 B03-39

B03.5.2 实例练习二——饮料调色

本实例练习的参考效果如图 B03-40 所示。跟随小森将饮料从图 B03-40（a）所示的橙红色调整为图 B03-40（b）所示的绿色，掌握结合使用调色工具的方法。

（a） （b）

图 B03-40

（原图作者：Tijana Drndarski）

操作步骤

01 将素材拖进 Photoshop 中，命名为"果汁"。

02 在图层列表下方单击【创建新的填充或调整图层】按钮，选择【曲线】选项创建调整图层。在图层列表中右击【曲线】图层，在弹出的快捷菜单中选择【创建剪贴蒙版】命令，将其剪贴进"果汁"图层中。在曲线上打点调整画面的明暗对比，如图 B03-41 所示。

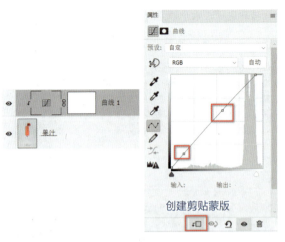

图 B03-41

03 以同样的方法创建【色相/饱和度】调整图层,在【属性】面板中展开【全图】下拉列表,选择【红色】,调整【饱和度】为 +23,提高果汁的鲜艳程度,如图 B03-42 所示。

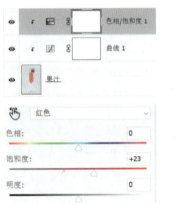  

图 B03-42

04 再创建【可选颜色】调整图层,在【属性】面板中,【颜色】选择【红色】,调整【青色】为 +62%,【洋红】为 -56%,果汁就从橙红色变成绿色了,如图 B03-43 所示。

图 B03-43

05 可以发现绿色果汁上有红色的干扰，需要进行修正。再次创建【色相/饱和度】调整图层，在【属性】面板中展开【全图】下拉列表，选择【红色】，调整【饱和度】为 -100，红色的干扰就没有了，如图 B03-44 所示。

图 B03-44

06 创建【亮度/对比度】调整图层，提高整个画面的亮度以及对比度，如图 B03-45 所示，果汁调色就完成了。

图 B03-45

B03.6 作业练习——鞋盒场景调色

小森利用 C4D 做了一张直通车图，如图 B03-46（a）所示。小森对场景和布局都非常满意，交给领导查看，领导指出鞋柜不够通透，对比不强，要求小森进行改进。小森结合使用了本课学到的调色工具，让整个图片的色彩更加艳丽，鞋柜也显得更加通透。

本作业练习的参考效果如图 B03-46（b）所示。

（a） （b）

图 B03-46

作业思路

(1) 利用【曲线】将整个场景颜色调亮丽。
(2) 利用【自然饱和度】增强低饱和的色彩。
(3) 利用【画笔工具】在蒙版中进行细节保留。
(4) 利用【亮度/对比度】调整亮度以及对比度。

主要技术

(1)【画笔工具】。
(2)【曲线】。
(3)【自然饱和度】。
(4)【亮度/对比度】。

总结

　　本课主要学习调色。调色常用的工具有色阶、曲线、色相/饱和度、色彩平衡、可选颜色等，每种工具应用的场景不同，调色展现的效果也不同。结合使用多种调色工具，可以实现丰富的色彩表达，创造出适合产品的设计作品。调色在设计中是丰富层次感、渲染氛围感的重要手法。

读书笔记

早期的店铺产品展示很多是直接使用实拍图的,不管什么产品、化妆品、服装、电器类产品等,很多商家直接用手机或相机拍摄图片并上传到网上店铺。但是随着手机越来越普及,互联网发展越来越迅猛,再用之前的实拍图去展示产品可能不会被消费者所认同,因为人们开始追求视觉上的体验,这时候产品精修崭露头角。

接下来,我们将开始电商设计中产品精修的学习之旅。

B04.1 精修的目的

我们先看两张对比图,同样的产品,图 B04-1(a)所示是买家实拍图,图 B04-1(b)所示是店铺海报。哪一张会更让人有购买的欲望呢?相信大家的答案都是店铺海报,这就是产品精修带给商家的意义:提升产品质感,更好地销售。

(a) (b)

图 B04-1

(资料来源:兰蔻官方旗舰店)

B04.2 产品精修的注意事项

我们在进行产品精修时需要注意以下事项。

1. 注意铺光的方式

这属于摄影方面的知识,不同的打光方式会导致产品的光影表现不同。同样,在精修过程中,不同的铺光方式也会影响产品的质感和整体氛围。常见的铺光方式有三种:单侧光、对称光和中亮光。

(1)单侧光是指在一侧有主光源,另外一侧没有光源或有一个辅助光源,如图 B04-2 所示。

图 B04-2

（资料来源：艾遇官方旗舰店）

（2）对称光是指两束亮度相同的光打在产品上，如图 B04-3 所示。

图 B04-3

（资料来源：毛戈平官方旗舰店）

（3）中亮光是指一束非常亮的光照到中间区域，如图 B04-4 所示。

图 B04-4

（资料来源：古驰美妆官方旗舰店）

2. 注意产品的材质

不同的材质对光的反射是不一样的，表现出的质感也不一样。常见的材质有三种：玻璃材质、金属材质和塑料材质。

（1）玻璃材质：该材质对光的反应有反射、折射，所以产品两侧明暗对比比较明显，特别是边缘，如图 B04-5 所示。

图 B04-5
（资料来源：OLAY 官方旗舰店）

（2）金属材质：该材质对光的反射强烈，表现出来的明暗反差大，重色到浅色的边缘过渡生硬，如图 B04-6 所示。

图 B04-6
（资料来源：苏泊尔生活电器旗舰店）

（3）塑料材质：分为硬塑料和软塑料两种。
- 硬塑料和金属材质有些相似，即高反差、强对比，如图 B04-7 所示。

图 B04-7

（资料来源：迪奥官方旗舰店、兰蔻官方旗舰店）

◆ 软塑料明暗过渡均匀，光源边缘模糊，如图 B04-8 所示。

图 B04-8

（资料来源：珀莱雅官方旗舰店）

许多产品是由不同的材质构成的，例如化妆品瓶盖是硬塑料，而瓶身则是玻璃材质。因此，设计师需要根据不同的材质处理光影效果。

B04.3 产品精修的方法

在 Photoshop 中常用的精修方式有两种：一种是重新塑造产品，可以使用【矩形工具】和【钢笔工具】结合【画笔工具】塑造产品形状以及光影；另一种是在原产品之上简单去瑕，以调色为主，可以使用【仿制图章工具】和【修补工具】去瑕疵，使用【色阶】和【曲线】等命令调色。当然第一种方式中也会用到【曲线】等调色命令。

B04.4　实例练习——口红精修

本实例练习的参考效果如图 B04-9 所示。跟随小森将左边的口红实拍图精修成右边的口红产品图，掌握产品精修手法。

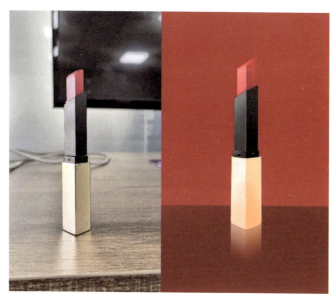

图 B04-9

操作步骤

01 将口红素材拖进 Photoshop 中，选择【裁剪工具】将画布向左侧拉宽，新建图层，将其命名为"背景"，设定前景色的色值为 R：187、G：26、B：41，按 Alt+Delete 快捷键进行填充。再新建图层，将其命名为"地面"，设定前景色的色值为 R：135、G：95、B：15，按 Alt+Delete 快捷键进行填充，如图 B04-10 所示。

图 B04-10

02 将口红抠出来，拖到右侧红色的背景上，按 Ctrl+R 快捷键调出参考线，拖曳两条垂直的参考线到口红的两侧，目的是在精修的过程中使口红上下保持一致宽度（如果宽度不一致，可按 Ctrl+T 快捷键进行自由变换调整），如图 B04-11 所示。

图 B04-11

03 选择【钢笔工具】的【形状】模式,沿口红素材的轮廓勾勒,注意每个面要单独分开勾勒,每个面的颜色参考原素材进行调整,如图 B04-12 所示。

图 B04-12

04 注意上半部分与下半部分之间有一个厚度存在,使用【椭圆工具】拖曳一个椭圆作为厚度,如图 B04-13 所示。

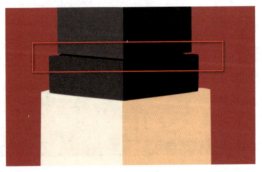

图 B04-13

05 双击"左侧底座"图层打开【图层样式】对话框,选中并打开【斜面和浮雕】选项卡增加厚度,参考数值如图 B04-14 所示。

图 B04-14

06 对右侧底座采用同样操作，参考数值如图 B04-15 所示。

图 B04-15

07 使用【椭圆工具】拖曳一个小椭圆，【填充】为黑色，双击"椭圆"图层，选中并打开【斜面和浮雕】及【阴影】选项卡，制作口红的凸起装饰，参考数值如图 B04-16 所示。

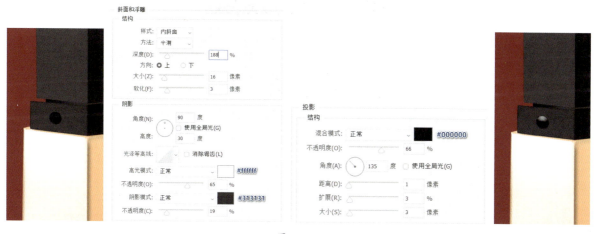

图 B04-16

08 按 Ctrl+J 快捷键复制椭圆并放在右侧，如图 B04-17 所示。

图 B04-17

09 给各个面分别新建图层，选择【画笔工具】，在图层列表下方单击【创建新的填充或调整图层】按钮，选择【曲线】选项创建调整图层，制作明暗过渡，增加层级感和立体感，如图 B04-18 所示。

图 B04-18

10 总结。
　　① 精修过程中要分块处理，单独制作每个面。
　　② 采用的工具有【画笔工具】【钢笔工具】【矩形工具】等。

B04.5　作业练习——产品精修

　　小森对在上班期间做的口红精修效果不太满意。他非常注重细节和品质，因此决定在下班后进一步思考和改进。他回顾了之前的工作，总结了自己的经验和不足之处，寻找了一些灵感和技巧。最终，小森成功地完成了口红的精修。他对自己的成果非常满意，并且得到了客户的认可和赞赏。
　　本作业练习的参考效果如图 B04-19 所示，将图 B04-19（a）所示的实拍图精修为图 B04-19（b）所示的产品图效果。

（a）　　　　　（b）

图 B04-19

作业思路

利用工具将口红的各个模块用形状勾勒出来，口红上的文字以及图案采用内阴影方式显示，根据材质用【钢笔工具】制作光的反射效果，也可利用【矩形工具】制作。

主要技术

（1）【钢笔工具】。
（2）【文字工具】。
（3）【图层样式】。
（4）【矩形工具】。

总结

本课主要学习精修技巧，精修在设计中非常重要，既包括产品精修，也包括人像精修。在进行精修的过程中，需要注意产品的铺光方式和材质。此外，精修的过程中，修饰要优先于画面的绘制，因此可以说是以修为主，以画为辅。因此，我们需要花时间去练习和总结，通过持续的实践和反思，提升我们的设计水平。

 读书笔记

B05课 透视搭建

在早期电商设计中,立体设计比较少见,设计师倾向于使用平面化的设计。随着电商设计行业的不断发展,3D 设计——也就是场景搭建——逐渐成为主流趋势。将产品置于立体的场景中,文案也采用立体设计,这样可以使视觉冲击力更强,设计感更足,能更好地推销产品,展现活动氛围,突出产品的特点,效果如图 B05-1 所示。

图 B05-1
(资料来源:洋河官方旗舰店)

场景搭建在设计行业中的应用非常广泛,如电商行业中的主图、详情页、首页设计,平面设计中的海报、H5 页面设计,UI 设计中的图标、页面设计,等等。很多行业都把自己的产品宣传设计场景化,因此,学会场景搭建对于电商设计师是非常重要的。既可以使用 Photoshop 进行场景搭建,也可以使用专业建模软件。

接下来,我们将开始电商设计中场景搭建的学习之旅。

B05.1 透视的概念

透视是绘画理论中的术语,指的是在平面或曲面上描绘物体的空间关系的方法或技术。透视是一种在平面上再现空间感、立体感、层次感的方法。简单来说,透视可以理解为"近大远小,近实远虚"的原则:近处的物体视觉上比较大,远处的物体比较小;近处的物体由于聚焦会显得实,远处的物体则相对虚。

如果想要给产品搭建一个看起来比较立体的台子,就要制作出光影的变化。如图 B05-2(a)所示,首先绘制一个平面;然后在右侧面绘制一个偏暗的矩形,这是一个与视觉平行的台子,只能看到台子的侧面,无法看到顶面和底面,如图 B05-2(b)所示;接着,在顶面绘制一个偏亮的矩形,这是一个俯视的台子,如图 B05-2(c)所示;同理,在底面绘制和顶面相同颜色的矩形,这是一个仰视的台子,如图 B05-2(d)所示。光影的变化指的是颜色的饱和度及明度有所不同,否则颜色一致,就无法呈现出立体的感觉。

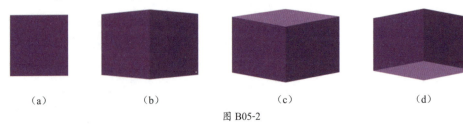

(a)　　　　　(b)　　　　　(c)　　　　　(d)

图 B05-2

在透视理论中,有几个专业术语需要注意。如图 B05-3 所示,1 处是视点;2 处是视线,它是一条假想线;3 处是地平线;4 处是视平线,在场景搭建中会使用视平线作为参考线,

- B05.1 透视的概念
- B05.2 透视的分类
- B05.3 一点透视和两点透视的绘制方法
- B05.4 场景搭建的意义和注意事项
- B05.5 实例练习——吹风机场景搭建
- B05.6 作业练习——时钟音箱场景搭建
- 总结

视平线就是和人眼或镜头等高的一条水平线；5 处是心点，即观者眼睛正对着视平线上的一点，随着视点的变化，心点的位置也会变化。

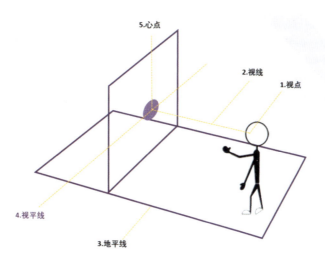

图 B05-3

此外，还有一个非常重要的概念是消失点。如图 B05-4 所示，铁轨从近及远会消失于一点，这个点就叫作消失点，这些线条被称为透视线。在绘制台子的边线时需要将其延长至一个点，这样才能呈现出正确的透视效果。需要注意的是，消失点位于视平线上。

图 B05-4
（原图作者：Kendrew Schexnider）

B05.2　透视的分类

透视可以根据消失点的数量进行分类，包括一点透视、两点透视、三点透视以及多点透视。其中，一点透视只有一个消失点，两点透视有两个消失点。在电商设计中，很少用到三点透视和多点透视，因此在此不做过多讲解，如有兴趣可自行查阅。

一点透视中，有一个面平行于画面，也称为正面透视，适用于正面拍摄的产品。而两点透视中，有两个面呈倾斜角度，也称为成角透视，适用于正面拍摄和侧面拍摄的产品。

B05.3　一点透视和两点透视的绘制方法

1. 一点透视的绘制方法

方法一

（1）打开 Photoshop，新建画布，选择【多边形工具】，调整【填充】为无，调整【描边】，颜色随意，属性栏设置参考如图 B05-5 所示。

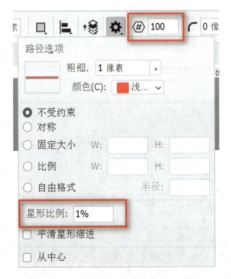

图 B05-5

（2）按住 Shift 键拖曳一个多边形，如图 B05-6 所示，青色参考线为视平线，中间的点是消失点，拖曳的线则为透视线。

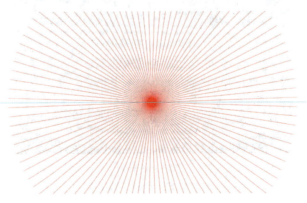

图 B05-6

（3）可以依据透视线绘制台子，通过区分台子各个面的颜色来增强立体感。需要记住的是，除了正面，其他面的边缘都应当在透视线上，如图 B05-7 所示。

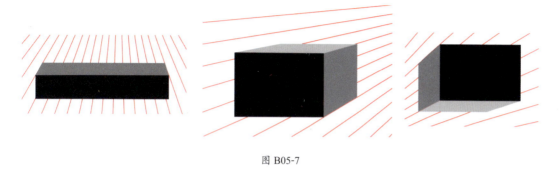

图 B05-7

方法二

（1）首先确定视平线，然后使用【钢笔工具】的【形状】模式，调整【填充】为无，调整【描边】，颜色与粗细自己把控，在画布中拖曳一条描边，如图 B05-8 所示。在参考线上的一点为消失点。在绘制台子时，可以使用【直接选择工具】控制锚点①②处，移动透视线，绘制台子的边缘。

图 B05-8

（2）如图 B05-9 所示，这种绘制方法比第一种方法简单明了。将红色透视线移动到黑色矩形的顶点上，选择【直接选择工具】，单独选择灰色矩形的锚点，按住 Shift 键水平或垂直移动，使其在透视线上，这样台子就画好了。

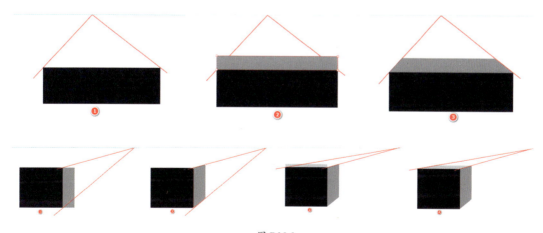

图 B05-9

2．两点透视的绘制方法

方法一

（1）把之前一点透视的多边形按 Ctrl+J 快捷键复制一份，选择【移动工具】，按住 Shift 键水平移动，如图 B05-10 所示，就可以在中间交叉的位置绘制台子。

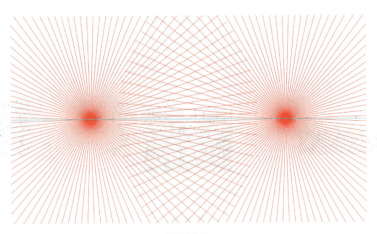

图 B05-10

（2）使用【钢笔工具】勾勒台面，使其左侧边的延长线可相交于左侧的消失点，右侧边的延长线可相交于右侧的消失点，绘制一个两点透视的台子，如图 B05-11 所示。

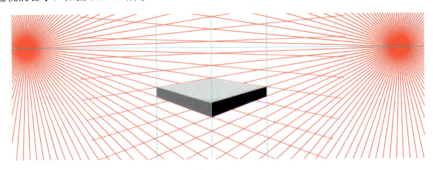

图 B05-11

需要注意的是，由于两点透视是成角透视，两个消失点的距离越远，成角角度越大，视觉上会更加自然。因此，绘制两点透视时需要注意控制两个消失点的距离。

方法二

（1）第二种绘制方法相对比较抽象。选择【钢笔工具】，调整【填充】为无，调整【描边】，颜色与粗细自己把控，在画布中拖住一条描边，如图 B05-12 所示。在参考线上的两点则为消失点，选择【直接选择工具】控制锚点③处，保持①②处位置不变，移动锚点③绘制台子的边缘，其中③-①为左侧的边，③-②为右侧的边。

图 B05-12

（2）如图 B05-13 所示，使用【画笔工具】勾勒出台子的两条边，【大小】为 2 像素。接下来把锚点③移动到左侧或右侧的顶点上，绘制台子的边，如图 B05-14 所示。

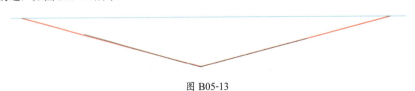

图 B05-13

图 B05-14

（3）拖曳参考线到左、中、右三处，如图 B05-15 所示，让③与④垂直对齐，再选择【画笔工具】绘制垂直的边。

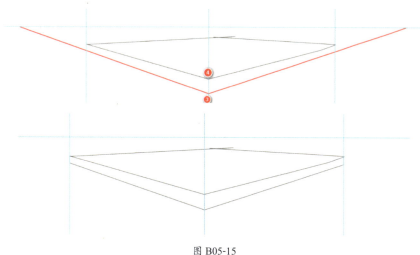

图 B05-15

（4）使用【钢笔工具】将台面勾勒出来，如图 B05-16 所示。

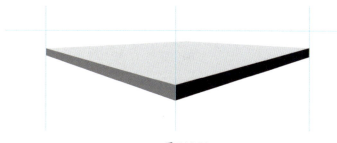

图 B05-16

需要注意的是，必须将各个面的顶点对接好，不要有偏移。此外，如果觉得按这种方法勾勒的台子看起来不太自然，可根据视觉感受进行调整。

B05.4　场景搭建的意义和注意事项

在电商设计中，场景搭建是一项非常重要的技能，利用该技能能够更好地突出产品的特点、展现活动的氛围，从而促进销售。如今，电商行业中同类型的产品越来越多，因此设计师需要通过场景搭建来吸引消费者的注意力。

Photoshop 是一款强大的图像处理软件，它提供了许多工具和命令，帮助设计师进行场景搭建。例如，设计师可以利用材质拼贴、质感表现和光影塑造等技巧，创造出引人注目的场景效果。

在进行场景搭建时，设计师需要注意以下几点。

（1）选择合适的素材：素材的选择会直接影响场景搭建的效果。因此，设计师需要根据产品的特点和活动的氛围，选择合适的素材。

（2）注意细节处理：场景搭建中的细节处理非常重要。设计师需要注意素材之间的衔接、光影效果等细节问题，从而创造出更真实、更生动的场景效果。

（3）运用 Photoshop 技巧：Photoshop 提供了许多强大的工具和技巧来帮助设计师进行场景搭建。设计师可以充分利用这些技巧来提升场景搭建的效果。

总之，电商设计师进行场景搭建是为了更好地宣传和推销产品。在竞争日益激烈的电商行业，如何吸引消费者的注意力是设计师应该考虑的问题。通过不断地提高自己的设计水平和技巧，设计师可以创造出更为出色的场景效果，从而推动产品的销售和宣传。

B05.5　实例练习——吹风机场景搭建

本实例练习的参考效果如图 B05-17 所示。跟随小森给吹风机搭建一个空间场景，掌握空间透视理论以及场景搭建的手法。

图 B05-17

操作步骤

01 新建画布，命名为"吹风机场景搭建"，设定尺寸为 1500 像素 ×2450 像素，【颜色模式】为【RGB 颜色】，【分辨率】为 72 像素 / 英寸。

02 将产品置于画布中，按 Ctrl+T 快捷键进行自由变换，使用【移动工具】放在合适的位置上，再新建图层，使用【画笔工具】绘制场景草图（草图不必画得太精细），如图 B05-18 所示。

图 B05-18

03 使用【矩形工具】制作背景。拖曳一个矩形框，调整【填充】为蓝色（色值为R：129、G：176、B：191），命名为"左墙面"。再拖曳一个矩形框，调整【填充】为蓝色（色值为R：100、G：152、B：170），命名为"右墙面"。选择【直接选择工具】改变顶点的位置，将"左墙面"右下的顶点和"右墙面"左下的顶点处于草图的位置。再拖曳一个矩形框，调整【填充】为蓝色（色值为R：207、G：237、B：244），命名为"地面"，将"地面"图层置于"左墙面"图层与"右墙面"图层之下，如图B05-19所示。

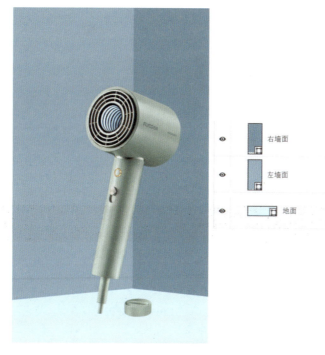

图 B05-19

04 使用【矩形工具】拖曳一个矩形，尺寸为450像素×2420像素，调整【填充】为蓝色（色值为R：218、G：247、B：254），设置【圆角】为224，命名为"U形洞"。按Ctrl+J快捷键复制"U形洞"，调整【填充】为蓝色（色值为R：195、G：226、B：236），命名为"厚度"，右击图层，在弹出的快捷菜单中选择【创建剪贴蒙版】命令，使用【移动工具】往左移动，这样有厚度的U形洞就做好了，如图B05-20所示。

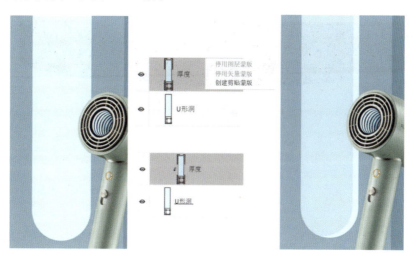

图 B05-20

05 使用【椭圆工具】拖曳一个椭圆形，椭圆形要扁一些，调整【填充】为渐变模式（色值为 #c8e7f0 到 #b8dce7 的渐变),命名为"台子顶面",如图 B05-21 所示。按 Ctrl+J 快捷键复制"台子顶面",使用【移动工具】按住 Shift 键往下垂直移动,再选择【矩形工具】拖曳一个矩形,使其与复制的"台子顶面"宽度相同,矩形框的下边缘处于复制的"台子顶面"的直径处,如图 B05-22 所示。

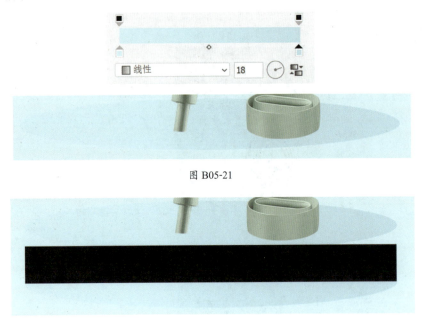

图 B05-21

图 B05-22

06 选择黑色矩形框和复制的"台子顶面"两个图层,按 Ctrl+E 快捷键进行合并,将合并后的图层命名为"台子厚度",调整【填充】为渐变模式(色值为 #caedf6 到 #72afc4 的渐变),将其置于"台子顶面"图层之下,如图 B05-23 所示。

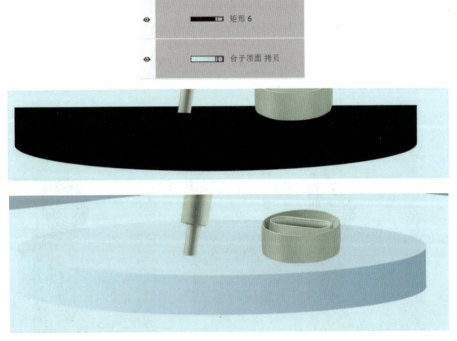

图 B05-23

07 至此,吹风机的场景搭建就完成了,效果如图 B05-24 所示。

图 B05-24

08 接下来继续丰富场景，为其调整光影以及添加素材，效果如图 B05-25 所示。

图 B05-25

B05.6 作业练习——时钟音箱场景搭建

小森所在的团队经常需要搭建场景并用相机拍摄来制作海报,这种方式效率较低,领导对此不太满意。今天领导特别要求做一张时钟音箱海报,不要手动搭建场景,而是直接用 Photoshop 进行制作,这对于小森来说是一个新的挑战。他积极地寻找灵感,学习和参考成功案例,进行了多次尝试和调整。最终,小森成功地完成了这个任务,制作出一张精美的时钟音箱海报,而且比之前的效率更高。这次经历让小森明白,要想在设计行业中立足,必须不断学习新的技术和工具。

本作业练习的参考效果如图 B05-26 所示,给时钟音箱搭建一个场景。

图 B05-26

作业思路

利用两点透视原理,可以给产品搭建一个逼真的平台。需要注意的是,视平线的位置不应该超出产品太多,否则平台会显得不太协调。此外,可以在平台周围添加墙面和地面,以增加场景的立体感。

主要技术

(1)【钢笔工具】。
(2)【直接选择工具】。

总结

本课主要学习场景搭建。进行场景搭建需要理解透视理论,掌握一点透视和两点透视的制作方法。熟悉之后,就可以直接进行场景搭建了。场景搭建在设计中是非常有效的手法,不同于 3D 软件,使用 Photoshop 搭建场景可以提高工作效率。

 读书笔记

C 大美工篇

综合案例 实战演练

本篇主要介绍电商设计师实战项目,包括字体设计、Logo 设计、海报设计、主图设计、详情页设计、钻石展位和直通车设计以及首页设计。通过本篇的学习,想要从事电商设计工作的读者可以掌握必要的技能,为今后的工作打下坚实的基础。

C01课

字体设计

在电商设计中，字体设计的应用范围非常广泛。与企业 VI 手册或 UI 设计中规范字体不同，电商设计和平面设计中的字体设计多种多样。不同场景、不同活动、不同设计类型都有不同的字体设计。因此，设计师需要针对不同的设计需求设计相应的字体。

图 C01-1（a）所示海报中产品为螺蛳粉，采用了品牌标志性的毛笔字字体。毛笔字可以使用笔刷拼接完成，在设计中的使用场景相对较多。如果想要体现中国传统风格，可以考虑采用毛笔字进行设计。

图 C01-1（b）所示海报中的字体设计为常规字体的立体效果，在电商设计中也比较常用，该设计能够清晰、醒目地展示文案，容易吸引用户注意，因此效果较好。

（a） （b）

图 C01-1

（资料来源：李子柒官方旗舰店、三只松鼠旗舰店）

当然，还有很多其他字体设计效果，但在进行字体设计之前，必须先了解字体的版权，这是非常重要的。只有对字体版权有了一定了解，才能够在设计中避免版权纠纷。

接下来，我们将开始电商设计中字体设计的学习之旅。

C01.1 字体版权

为什么要先了解字体版权呢？每年都有设计师因为未经版权方授权，擅自将字体用于商用设计而陷入法律纠纷。这是一个普遍存在且严重的问题，为了避免陷入这样的困境，设计师有必要了解字体版权问题。

为什么字体会有版权呢？这是因为字体的开发和设计需要投入大量的时间、精力和资源，代表了字体设计师的创作成果。虽然有一些字体可以免费使用，但实际上这只是少数情况。大部分字体的使用需要向版权方购买合法的版权，可以是一年的使用权或终身使用权。

作为设计师，了解和尊重字体的版权是非常重要的职业道德。通过购买合法的字体版权，设计师不仅能够避免陷入法律纠纷，还能够支持字体设计师的创作工作，鼓励他们继续创作出更多优秀的字体供大家使用。

C01.1 字体版权
C01.2 字体设计的意义
C01.3 字体设计的方法
C01.4 综合案例——"健康牙齿"字体设计
C01.5 作业练习——"狂欢双11"字体设计

总结

C01.1.1 免费的字体

常用的免费字体有哪些呢?

免费字体即开源字体,免费商用的字体比较少,常用的有阿里系列(阿里巴巴普惠体)、思源系列(思源黑体、思源宋体)、站酷系列(站酷文艺体、站酷酷黑体、站酷快乐体等)、方正系列的四款(黑体、书宋、仿宋、楷体),另外优设标题黑、庆科黄油体、锐字真言体等也可以免费商用,如图C01-2所示。

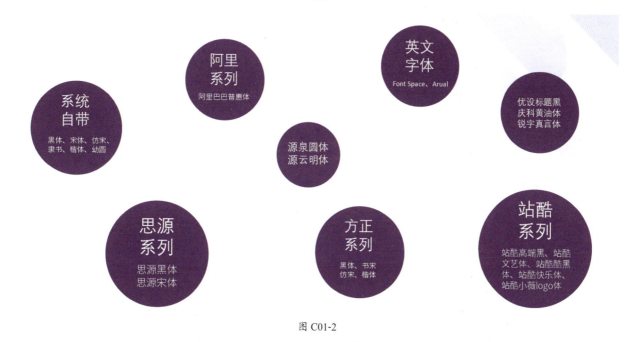

图 C01-2

C01.1.2 付费的字体

既然有免费的字体,就会有付费的字体。而且,我们之前已经介绍过,大多数字体都需要付费使用。需要特别注意的是,如果未经版权方授权,千万不要将其用于商业用途,图片也是一样。

常用的付费字体有方正系列、汉仪系列、华康系列和造字工房系列,如图C01-3所示。

图 C01-3

不同付费字体价格不一样,在购买版权时也分全媒体、网络店铺、广告类、新媒体、影视作品、商业使用等,如图C01-4所示。

一般来说,一款字体的永久版权价格是上万元。因此,广告公司或公司设计部门会购买几款字体版权供设计师使用。但对于自由设计师而言,更多的时候是选择自己制作字体。

这里有一个常见的误区需要大家注意:Windows中常用的微软雅黑和macOS中常用的苹方是否可以免费商用?很多人认为可以,但其实不然,这两款字体都不可以免费商用。

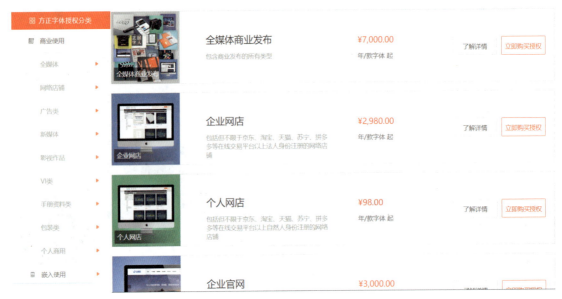

图 C01-4

微软雅黑是微软公司委托方正公司设计的一款字体,版权方是方正公司。而苹方字体是华康科技(现威锋数位)设计的。因此,如果想要商用这两款字体,必须获得版权方授权。

苹果官方网站使用的就是苹方字体,如图 C01-5 所示。

图 C01-5

(资料来源:苹果官方网站)

C01.1.3 怎么避免字体侵权

我们应该如何避免字体侵权呢?有以下三种方法。

(1)购买版权。最好的方法是直接去官网购买想要使用的字体的版权,购买合法授权可以保证在商业使用中的合法性。该方法成本较高,一般只被公司采用。

(2)使用免费商用的字体。前面提到的思源黑体、思源宋体、站酷系列的部分字体等就是可以免费商用的字体。但是,仍然需要仔细阅读并遵守其授权条款。我们可以在此基础上进行一些字体效果的设计,从而丰富画面效果,突出产品的调性。

(3)进行字体设计。字体设计的应用范围非常广泛,如用于平面设计、电商设计、UI 设计等。设计师自己设计字体不必担心侵权问题,因为版权方就是设计师。

C01.2 字体设计的意义

通过前面的介绍，大家应该已经意识到了字体设计的重要性。选择和使用合适的字体可以提高设计作品的质量和美观度，而进行字体设计则可以根据需求和特定的设计风格，创造出独具个性的字体，从而更好地满足设计的要求。

自己进行字体设计具有很强的可操控性，因为不同的产品、不同的活动需要采用不同的设计风格和字体。如图C01-6所示，不同产品的海报的主标题采用的字体设计都是不同的。

（a）

（b）

（c）

（d）

图 C01-6

（资料来源：各品牌官方旗舰店）

在这种情况下，单纯地购买"好看"的字体已经不够了，需要设计师根据产品以及使用场景的不同，自行设计字体。一般来说，海报的字体设计主要集中在主标题上，而超过六个字的主标题一般采用常规字体即可。

C01.3 字体设计的方法

C01.3.1 常用的软件

常用的字体设计软件包括 Photoshop、Illustrator 以及 Cinema 4D，其中，Cinema 4D 主要用于 3D 字体设计。

在 Photoshop 和 Illustrator 中，可以利用【钢笔工具】和【矩形工具】进行文字笔画的重新构造。同时，这些软件也提供了一些字体设计的命令，例如，Illustrator 中【效果】-【3D】命令可以用于字体设计，如图 C01-7 所示。此外，利用【混合工具】和【替换混合轴】也可以实现一些独特的字体效果。

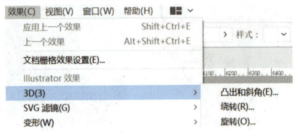

图 C01-7

C01.3.2 字体设计的手法

在进行字体设计之前，一定要对文字的笔画有清晰的认识。一个字是由横、竖、提、撇、捺、点、钩等笔画组成的。进行字体设计其实上就是重新构造这些笔画。需要注意的是，字与字之间的笔画应该保持一致，否则过多的变化会给人带来不适感。

如图 C01-8 所示是一部分横的变化。

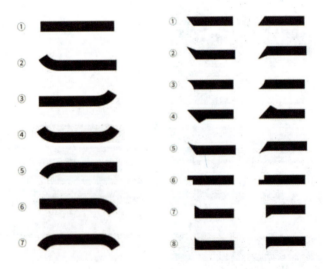

图 C01-8

如图 C01-9 所示是一部分竖的变化。

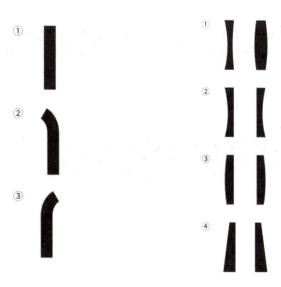

图 C01-9

如图 C01-10 所示是一部分撇的变化。

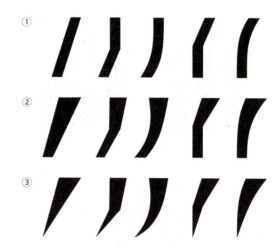

图 C01-10

进行字体设计一般使用【钢笔工具】,而且一般使用 Illustrator 这款软件,因为其操控性较强。
如图 C01-11 所示,在 Illustrator 中选择【钢笔工具】,设置好描边的粗细。

图 C01-11

使用【钢笔工具】在路径上添加锚点,选择【直接选择工具】,将选择左端锚点往左上移动,如图 C01-12 所示。

图 C01-12

拖曳中间锚点圆角,则过渡处变得圆滑,如图 C01-13 所示。

图 C01-13

可复制左端到右端,如图 C01-14 所示。横的变化就做出来了。

图 C01-14

C01.3.3 字体设计的思路

很多人在做字体设计时觉得没有思路,不知道从何下手。

其实,我们看苹方字体和思源黑体这两款字体没有多大的区别,所以当我们在做字体设计时找好参考尤为重要。花瓣网是设计师常用的网站,大家在做字体设计时可以先去寻找灵感。

一般来说,横细竖粗的字体看上去会比较舒适,或者做成横竖一般粗,尽量不要做成横粗竖细。如图 C01-15 所示,左边字体为横粗竖细,右边字体为横细竖粗,明显右边的字体看上去舒适一些。

图 C01-15

我们也可以将笔画两端做出一些变化,如图 C01-16 所示。

图 C01-16

稍微倾斜一下,换一种颜色,也可以贴一些纹理,如图 C01-17 所示,一个"木"字就做好了。

图 C01-17

我们也可以换一种方式,利用【钢笔工具】勾勒,改变笔画的走势,并添加渐变颜色,也会有不错的效果,如图 C01-18 所示。

图 C01-18

在做字体设计时,一定要找好参考,笔画与笔画之间要有相似性,这样做出的字体才会比较统一。

C01.4 综合案例——"健康牙齿"字体设计

今天老板派发给小森一个任务——制作牙齿检查宣传海报,小森想怎么才能突出牙齿呢?想了又想,突然灵感一现,将"健康牙齿"文字做成立体效果,以蓝色调为主,这张海报就做出来啦。本综合案例的参考效果如图 C01-19 所示。

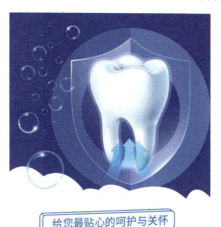

图 C01-19

制作思路

海报中的文字字体做成 3D 立体效果;又因牙齿与健康相联系,整体海报色调采用蓝色,辅助色为白色,干净且简约;采用上下构图。

操作步骤

01 打开 Illustrator,新建画板,命名为"健康牙齿",设定画板宽度为 1920 像素,高度为 1080 像素,设置【颜色模式】为【RGB 颜色】。选择【矩形工具】创建 1920 像素 ×1080 像素的黑色矩形框作为背景,按 Ctrl+2 快捷键锁定背景。

02 选择【文字工具】输入"健康牙齿",【颜色】为白色。执行【效果】-【3D】-【凸出和斜角】菜单命令,如图 C01-20 所示。

03 【凸出和斜角】数值参考如图 C01-21 所示,文案的立体效果就出来了。

04 选择字体,执行【对象】-【扩展外观】菜单命令,目的是将文字变成可编辑的对象。右击,在弹出的快捷菜单中选择【取消编组】命令,再次右击,在弹出的快捷菜单中选择【取消编组】命令,如图 C01-22 所示。

图 C01-20

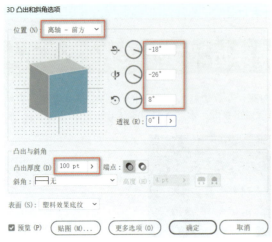

图 C01-21

图 C01-22

05 选择【选择工具】，将所有过渡不平滑的转折面选中，在【路径查找器】面板中单击【联集】按钮。如图 C01-23 所示，这样所有的面就可以编辑颜色了。

图 C01-23

06 选择【选择工具】,将正面选中,按 Ctrl+G 快捷键编组,将颜色改为白色,如图 C01-24 所示。

图 C01-24

07 选择【渐变工具】,给一个面设置好渐变颜色(渐变色值为 #0046BF 到 #007FDF),如图 C01-25 所示。

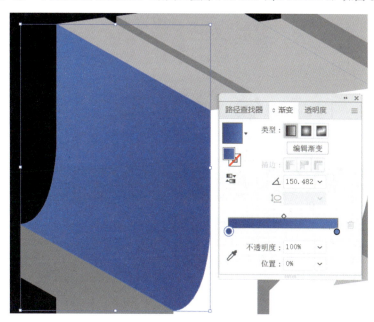

图 C01-25

08 对剩下的面执行同样的操作,为其添加渐变颜色,这样立体文字就做好了,如图 C01-26 所示。

图 C01-26

09 将制作好的立体文字添加到做好的海报背景中,并对其他文案进行排版,一张健康牙齿海报就完成了,如图 C01-27 所示。

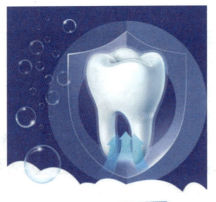

图 C01-27

C01.5　作业练习——"狂欢双11"字体设计

　　小森下班后接到一条兼职需求：设计一款"狂欢双11"字体，并加上场景。小森对这个需求充满了兴趣和热情，他立即申请了这个兼职工作。回到家后，小森打开电脑，开始了他的作图之旅。他浏览了一些相关的设计作品和参考素材，并开始构思他的设计方案。他选择了合适的字体和色彩，并加入了一些有趣的元素和场景，最终创作出一款非常炫酷的"狂欢双11"字体设计。小森非常满意自己的作品，把它提交给了客户，并得到了客户的认可和赞赏。这个经历让小森更加深刻地认识到，不断学习和提高自己的技能是成为一名优秀设计师的关键。同时，他也体会到在工作中保持积极的态度和热情是成功的关键之一。

　　本作业练习的参考效果如图C01-28所示。

图 C01-28

作业思路

在Illustrator或者Photoshop中使用【钢笔工具】将基础字形勾勒好，调整好过渡处；完成之后再在Photoshop中添加【图层样式】以及做出层次感。

主要技术

（1）【钢笔工具】。
（2）【图层样式】。

总结

本课主要学习字体设计。字体设计在海报设计中占有非常重要的地位，会直接影响一张海报的氛围。本课主要介绍了字体设计的基本思路和手法。通过本课的学习，读者能够全面了解字体设计，并能够灵活地将所学知识进行实际应用。

读书笔记

C02课 logo 设计

- C02.1 logo 的概念
- C02.2 logo 的分类
- C02.3 logo 设计的注意事项
- C02.4 logo 的历史性
- C02.5 logo 设计的常用工具
- C02.6 综合案例
- C02.7 作业练习——网盘 logo 设计
- 总结

当我们在网上浏览店铺时，会经常看到店铺名称前有一个小图标或经过设计的品牌文字，如图 C02-1 所示，这些就是通常所说的 logo。

图 C02-1

在品牌建设中，logo 设计占据着不可或缺的地位。如果想让大众熟知你的品牌，logo 设计是必不可少的一环。logo 代表着企业形象，人们可以通过 logo 获知品牌名称。

那么，如何进行 logo 设计？需要注意哪些事项？如何更好地向消费者传达品牌形象呢？接下来，我们将开始学习电商设计中 logo 设计的相关知识。

C02.1 logo 的概念

logo 是指用于识别和推广公司的徽标或商标。通过形象的 logo，消费者可以记住公司的主体和品牌文化。

在生活中，我们随处可见 logo 的身影。在商场购物或在饭店就餐时，店铺通常会有自己的品牌标识。设计精美的 logo 也可以吸引消费者进店，达到宣传的目的。logo 是品牌的标识，也是独特的传媒符号。logo 类型多种多样，纯文字、图像，甚至抽象的事物都可以作为品牌标识。不同类型的产品或行业对 logo 的设计选择有所不同，某些行业对色彩和风格的要求也比较严格。

例如，证券公司通常不会使用绿色（绿色在 A 股市场中表示下跌），而银行等安全行业则倾向于采用稳重的风格，如图 C02-2 所示。美妆行业采用的 logo 多为文字，如图 C02-3 所示。

图 C02-2

图 C02-3

C02.2　logo 的分类

在前面我们提到了不同行业的 logo 风格不同，那么 logo 的分类有哪些，它们又具有什么特点呢？下面将进行详细介绍。

1．文字 logo

顾名思义，文字 logo 是一种基于字体设计的 logo。设计师需要根据品牌特点进行特定的字体设计，这种样式的 logo 主要表现品牌名称，是常见的 logo 设计风格。如图 C02-4 所示，有些企业的 logo 会对字体做出较大的变形，而有些企业则只会在基础字体形式上做出细微的变化。

图 C02-4

因此，字体是决定性因素之一。文字 logo 能够让消费者将注意力集中在品牌名称上，相比其他 logo 样式更能够传达品牌信息。设计师需要表达出品牌的核心理念，例如时尚品牌通常使用优雅简约的字体，给人一种高端的感觉；而银行则通常使用传统厚重的字体，展现出企业的稳重和值得信赖。

2．字母 logo

和文字 logo 一样，字母 logo 也是基于字体的变化。字母 logo 同样注重简单的样式和易懂的内容，通常使用企业的英文名称或拼音的首字母。在线下展示时，打印出的 logo 需要清晰明了。这要求设计师在创作时尽量不要将其复杂化，而是选择改变其颜色、与行业挂钩、改变字母的样式或增加趣味性等方式，如图 C02-5 所示。

图 C02-5

3．图形 logo

图形 logo 是基于图标或图形的 logo 样式，这种 logo 非常常见，应用的行业也非常广泛，如互联网、食品等行业，如图 C02-6 所示。

图 C02-06

  图形 logo 可以是具象的事物，也可以是抽象的。例如苹果公司的 logo 就是苹果的外形。但不管是具象还是抽象，图形 logo 采用的图像一定具有象征意义或者具有深层的含义，而且图形 logo 适用于有强烈品牌认知的公司，如果没有清晰的发展路线，这种 logo 可能不太适用。

4．图形 + 文字组合 logo

  图形 + 文字组合 logo 是最常用的一种 logo 样式，既可以强化品牌认知，更好地宣传品牌，又可以让消费者清楚地了解品牌的定位和所在行业。有时单独的图形 logo 无法清晰明了地表达品牌，单独的文字 logo 又让人感觉很无趣，这两者结合既可以凸显品牌，又能清晰地传达公司的定位。这种形式的 logo 设计难度较高，需要将图形创作与品牌相结合，有时还需要进行字体设计，如图 C02-7 所示。

图 C02-7

5．吉祥物或人物 logo

  吉祥物或人物 logo 在餐饮行业比较常见，例如，肯德基、老干妈、十三香等品牌，如图 C02-8 所示。一般来说，这种 logo 会以创始人头像作为品牌 logo，或通过名人形象赋能，达到宣传品牌的作用。使用头像时需要注意版权问题，避免随意使用无版权的名人或头像作为 logo。

图 C02-8

6．徽章式 logo

  徽章式 logo 常见于传统品牌、学校、体育行业以及奢侈品牌等。这种 logo 比较复杂，不仅需要设计图形，还需要设计外轮廓。制作图案耗费的物料比较多，不够清晰时可能难以阅读，通用性有局限，对非知名品牌而言不易传播；但相对地，对知名品牌而言具有相当的辨识度，如图C02-9所示。

图 C02-9

以上就是常见的logo的六种样式，各有适合的行业，在设计时要根据品牌去创作，切勿盲目地追求美观而失去了与品牌的联系。

C02.3　logo 设计的注意事项

1．logo 设计的流程

下面介绍 logo 设计的流程。

（1）对接。设计师需要获取品牌信息以及需求，包括要表达的信息、品牌的认知定位、受众人群以及品牌故事（做人物 logo 会用上）等。

（2）沟通。了解品牌需求（品牌定位、主要应用的方向、标准色及logo表现形式）后，可以先出几版草图供其选择，这样会大大节约设计时间；定下关键词，便于设计师创作以及寻找相关元素。

（3）设计。根据需求设计 logo，如需要修改则再与需求方对接修改的内容。

2．logo 设计的小技巧

进行 logo 设计有以下小技巧。

（1）使用矢量软件进行创作。因为 logo 有时需要线下展示，所以必须要使用矢量软件创作，这样才能保证其清晰不失真。

（2）先制作草图，确定后再进行细节设计。

（3）避免使用过多的颜色和字体，否则会给人不舒服的感觉。

（4）可读性要强，让人一眼就能明白其含义。

（5）适用性要强。logo要适合在不同的场景中使用。

3．logo 设计的规范

设计出的logo一般需要做三种样式：标准版、墨稿以及反白稿。

如图C02-10（a）所示为钉钉标准版的logo，图C02-10（b）所示为钉钉墨稿的logo，图C02-10（c）所示为钉钉反白的logo。

（a）　　　　　　　　　　（b）　　　　　　　　　　　　（c）

图 C02-10

制作 logo 需要设计师制定标准色系以及使用规范，需要注意的内容非常多且非常细，因为这属于品牌设计师的工作范畴，在这里不过多介绍。作为电商设计师，我们只需要根据需求方的需求制作店铺 logo 即可。

另外，当向客户展示成品时，不能仅仅展示 logo，还需要将其创作的思路、logo 体现的内涵以及使用的场景全部展示出来，这样才是完整的一套流程。

C02.4　logo 的历史性

对于一些大型的活动项目，在每一次进行时都会创作 logo。例如，奥运会或者世界杯，每一届的主题不同，logo 的设计也不同。如图 C02-11 所示，展示了从 1978 年世界杯到 2022 年世界杯期间 logo 的变化，有些 logo 围绕足球创作，有些则是围绕大力神杯创作的，样式各不相同。体育竞技的魅力延伸到设计的魅力，logo 一直存在于人们的生活中。

图 C02-11

如图 C02-12 所示是 2008 年奥运会到 2020 年奥运会的 logo，每个 logo 中都有五环元素，又都有每个国家各自特有的元素，这就是 logo 设计的魅力。

图 C02-12

很多人认为一家公司或品牌的 logo 需要不断地进行更新迭代，但实际上并非如此。成熟的企业在创立初期可能会多次更换 logo 样式，但到了后期，企业的 logo 基本上不会有大的修改，只会进行细节上的修整。图 C02-13 展示了肯德基的 logo 变化历史，可以发现在后期 logo 没有发生大的变化。

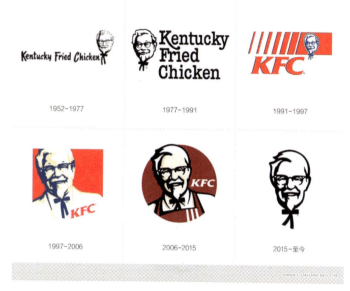

图 C02-13

前几年支付宝的 logo 变化，人们肉眼可见的变化只是蓝色的明度及饱和度不同，"支"字没有大的改动，如图 C02-14 所示。

图 C02-14

此外，还有几年前引起热议的小米天价 logo。许多人认为花这么多钱不值得，只是将本来不够光滑的角变得光滑了，因此出现了"我上我也行"的说法。但实际上，如果我们从营销等方面对这款 logo 进行分析，会发现这个 logo 的设计实现了它的目标，如图 C02-15 所示。

图 C02-15

C02.5　logo 设计的常用工具

在 logo 设计中，常用的工具有钢笔工具、形状工具（如矩形工具、椭圆工具等），还有许多命令的组合。下面进行简单介绍，具体使用方法将通过 C02.6 课的案例讲解。

1. 钢笔工具

钢笔工具是一种用于创建自由曲线的工具，可以绘制复杂的形状和路径，可以创建直线段，也可以创建曲线段。通过调整控制点，可以控制曲线的形状。钢笔工具常用于创建具有自定义形状的图标和标志。

2. 形状工具

形状工具提供了一系列预定义的形状，如矩形、椭圆形、多边形等。可以选择其中一个形状工具，然后在画布上拖曳以创建相应的形状。形状工具通常用于创建简单的几何形状或辅助元素。

C02.6 综合案例

C02.6.1 综合案例一——茶叶 logo 设计

老板最近在开发一个新项目——茶叶，已经找到了合作的茶园，但是打造品牌形象需要相应的 logo。设计 logo 的任务派给了小森，他设计了一款图形 + 文字样式的 logo。首先进行图形设计，将茶叶和茶壶结合在一起，然后进行字体设计。本综合案例的完成效果如图 C02-16 所示。

图 C02-16

制作思路

设计茶叶 logo，可以将与茶叶相关的元素结合起来，这些元素包括茶田、茶壶、蒸汽、祥云等，本例采用茶叶与茶壶结合的方式。另外，文字应该采用较细的字体，以体现茶叶的优雅韵味。

操作步骤

01 打开 Illustrator，新建画板，命名为"茶叶 logo"，设定画板宽度为 1920 像素，高度为 1080 像素，设置【颜色模式】为【RGB 颜色】。

如上所述，制作一款 logo，一定要先了解其特点，然后寻找元素结合，并使用相应的软件工具进行创作。茶叶 logo 是一种具象事物，我们可以选择的元素有茶农、茶田、茶叶、茶壶、山峰等。如果不知道如何勾勒茶叶的线条，可以在网上搜索茶叶的图片，再沿着茶叶的轮廓勾勒即可。如图 C02-17 所示是一片茶叶的线条。

图 C02-17

02 选择【钢笔工具】，沿着茶叶线条勾勒，先把大致的轮廓勾勒出来，如图 C02-18 所示。

图 C02-18

03 选择勾勒好的线条，增加【描边】数值，并且在【变量宽度配置文件】中选择【宽度配置文件 1】选项，两端尖尖的效果就出来了，如图 C02-19 所示。

图 C02-19

04 使用【钢笔工具】将茶壶的盖子勾勒出来，同样做成两端尖尖的效果，如图 C02-20 所示。

图 C02-20

05 选择【直接选择工具】，调整锚点的位置，留出茶壶的提手部位，注意过渡，如图 C02-21 所示。

图 C02-21

06 选择【椭圆工具】，按住 Shift 键拖曳一个正圆，打开【描边】选项，同样将线条做成两端尖尖的效果；选择【剪刀工具】，在①和②处单击（注意一定要在路径下），使用【选择工具】将剪掉的部分删除，这样壶把也做好了，如图 C02-22 所示。

图 C02-22

07 如果过渡处不够圆滑，可使用【平滑工具】在过渡处涂抹。选中所有描边，将颜色改为绿色，如图 C02-23 所示。

图 C02-23

08 使用【钢笔工具】制作字体，并改变样式，如图 C02-24 所示。

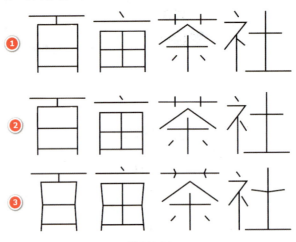

图 C02-24

09 在文字下输入对应拼音，这样茶叶 logo 就做好了，如图 C02-25 所示。

图 C02-25

10 对 logo 进行场景化展示。需要与 Photoshop 相结合，把做好的 logo 拖到样机中。首先在 Illustrator 中选中制作完成的 logo，按 Ctrl+C 快捷键进行复制。然后在 Photoshop 中打开样机文件，双击样机 logo 智能对象图层，如图 C02-26（a）所示。按 Ctrl+V 快捷键粘贴 logo，如图 C02-26（b）所示。调整 logo 的大小和位置，将之前的样机 logo 图层关掉，如图 C02-26（c）所示。按 Ctrl+S 快捷键保存并退出就可以生成样机效果了，最终效果如图 C02-27 所示。

（a）

图 C02-26

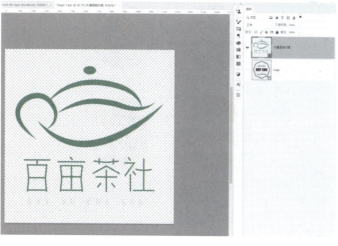

（b）

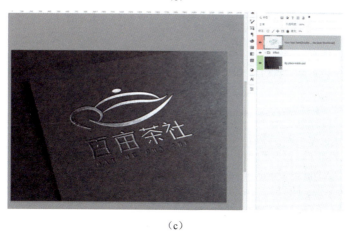

（c）

图 C02-26（续）

图 C02-27

C02.6.2　综合案例二——饮料 logo 设计

现在有很多设计师利用人工智能进行插画创作以及场景的合成，刚做完茶叶 logo 的小森想能不能利用人工智能生成一款 logo 呢？他尝试制作了一款饮料 logo，完成效果如图 C02-28 所示。

图 C02-28

制作思路

logo 提示词可以包括如下内容。

（1）logo 类型，如"徽章式""吉祥物""文字"等。

（2）艺术流派，如"老式""复古""现代"等。

（3）内容描述。

（4）艺术技巧，如"描边""渐变"等。

（5）对于大部分的 logo 设计来说，我们要排除文本、逼真的细节和阴影等元素，可以使用提示词 "--no text, realistic photo details, shadows"。

操作步骤

01 根据 "logo 类型+艺术流派+内容描述+艺术技巧" 结构，设置提示词为 "一个波普风格的吉祥物 logo，表现为一只微笑的猴子，戴着一顶蓝色的帽子，它手里拿着一瓶红色的饮料，饮料上有一个白色的标签，简单，矢量，白色背景"。

02 将提示词翻译为英文 "A Pop style mascot logo, depicted as a smiling monkey wearing a blue hat and holding a red beverage with a white label, simple, vector, on a white background"。

03 打开 Midjourney 网站，在输入框中输入 "/imagine prompt"，然后粘贴 logo 提示词，再输入 "--no realistic photo details"，按 Enter 键就可以生成饮料 logo 了，如图 C02-29 所示。

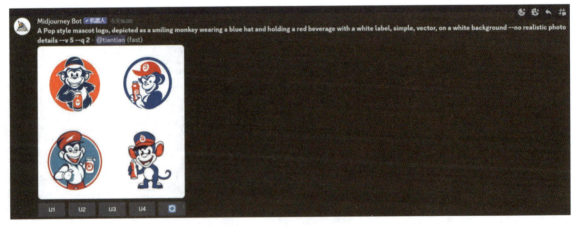

图 C02-29

04 挑选一款合适的，单击 U 按钮生成大图，也可以单击 V 按钮继续细化，然后将生成的 logo 拖进 Illustrator 中，对细节进行进一步的优化。

以上就是利用人工智能创作 logo 的步骤，操作很简单，但是局限性也比较大。

C02.7　作业练习——网盘 logo 设计

小森的朋友给小森找到了一份兼职——为他们公司重新设计一个云盘 logo。要求以蓝色调为主，稳重大气。为了提高自己的设计技能，小森非常高兴地接受了这个挑战。

本作业练习的参考效果如图 C02-30 所示。

图 C02-30

作业思路

云盘 logo 可以以云的形状为基础变化出来，利用工具将其分割成不同的层次，然后使用渐变工具将 logo 的层次感凸显出来。

主要技术

（1）【钢笔工具】。
（2）【椭圆工具】。
（3）【渐变工具】。
（4）【路径查找器】。
（5）【形状生成器】。

总结

本课主要学习 logo 设计。进行 logo 设计需要设计师经常总结和归纳 logo 的设计特点以及创作灵感。不同行业的 logo 配色和风格不尽相同，因此需要设计师多观察、多总结。通过研究各行业的特性，设计师可以创造出既符合行业特征又能彰显品牌个性的 logo。

读书笔记

C03课

主图设计

主图设计在电商设计中是一项非常重要的任务，尤其是对于专门做电商店铺的商家来说，主图是非常好的流量入口。只有获得了流量，销量才有可能增加。虽然主图的尺寸较小，但需要展现的内容却非常多。因此，设计师需要具备非常好的归纳整理能力，能够将重点信息提取出来并进行展示。

在某些方面，主图设计和海报设计是没有区别的。它们都需要在规定的尺寸中，将产品以及文案信息、活动优惠体现出来。针对不同的活动，需要制定对应的主图。如图 C03-1 所示，不同产品的主图设计手法和展现内容都是不同的。服装类、美妆类、电子类、电器类等产品主图的设计风格都各不相同。

图 C03-1

（资料来源：各品牌旗舰店）

那么应该如何制作主图？打造爆款主图又需要注意哪些事项？接下来，我们将开始电商设计中主图设计的学习之旅。

C03.1　主图的概念
C03.2　主图的分类
C03.3　主图的作用
C03.4　主图的制作
C03.5　综合案例
C03.6　作业练习——洗衣机主图设计

总结

C03.1　主图的概念

主图是电商平台上展示商品的主要图片，通常用于吸引顾客的眼球，展示商品的外观、特点、功能等信息。在电商中，主图是非常重要的，它能够直接影响商品的销量。因此，制作精美、有吸引力的主图是电商运营中必不可少的一部分。

C03.1.1　主图的位置

制作产品主图是电商设计中非常重要的一个环节，产品主图是产品免费流量的主要来源之一。通常，主图就是我们打开一个商品购买链接时，展示的产品图片。例如，在电脑上打开淘宝或京东网站搜索一款产品，下面展示的图片即为主图，如图C03-2所示。

图 C03-2
（资料来源：京东官网、淘宝官网）

如果想要详细了解产品，可以单击主图进入店铺中进行查看。

在移动端搜索产品时，展示出来的图片中，除了左上角带有"HOT"标识的图片，其余图片均为主图（带有"HOT"标识的图片是直通车广告，将在C06课中介绍），如图C03-3所示。

图 C03-3

C03.1.2　主图的规范

在制作主图时，应该遵循一定的规范。一般来说，主图分为方图和长图。方图的尺寸为宽800px、高800px，比例为1∶1；长图的尺寸为宽750px、高1000px，比例为3∶4。

需要注意的是，方图的尺寸应该大于或等于700px×700px，这样才能自动提供放大镜的功能。因为消费者在查看主图时，有时需要通过放大镜功能查看产品的细节。如图C03-4所示，当鼠标指针悬停在主图上时，右侧会出现放大的图，便于查看产品的细节。

图 C03-4

一般情况下，主图是五张图片作为一套展示的，如图C03-5所示。极少数情况下，会让设计师单独制作一张主图。当然也有一些店铺会展示三张或六张主图，这取决于各店铺的需求。

图 C03-5
（资料来源：倍思旗舰店）

主图的大小不应超过3MB。有时候，部门对接人员可能会要求主图不超过500KB，这取决于具体的工作要求。为什么有大小的要求呢？因为后台对图片的大小有限制，太大的图片是无法上传的。具体的主图要求如图C03-6所示。

在某些类目的产品中，要求第五张主图是白底图。如果不符合要求，将不会增加淘宝宝贝的权重。权重可以理解为淘宝对店铺或宝贝排名的依据，权重越高，则在搜索排名中越靠前，越容易获得销量；反之，权重越低，则排名越靠后，如图C03-7所示。

主图分为四类，具体要求如下（兼容问题不支持 GIF 展示）：

类型	图片要求	备注
主图（即发布页"电脑端宝贝图片"）	大小≤3MB	1. 若图片宽高为 700px×700px 或以上，详情页会自动提供放大镜功能。 2. 图片空间支持上传 GIF 格式，但发布页、详情页均不支持使用和展示。
	宽高无强制要求，展示效果您自己把控。举个例子：700px×700px 可以，750px×1000px 也可以。	
	建议"正方形"图片（即 1∶1 的宽高比）	
	上限五张（部分类目第五张的位置要求传白底图）	
3∶4 主图	宽度≥750px	1. 如何设置可 点击此处 了解。 2. 设置 3∶4 主图的前提是需要设置 3∶4 主图视频。 3. 设置后宝贝详情页将不显示 1∶1 的主图。
	高度≥1000px	
	宽高强制比例为 3∶4	
	上限五张	
白底图（第五张主图）	38KB< 大小 <300KB	1. 部分类目开放上传入口。 2. 更多白底图清洁度要求可 点击此处 了解。
	背景为白底（白色）	
	宽高建议为 800px×800px	
长图（第六张主图）	宽度≥480px	1. 部分类目开放上传入口。 2. 点击上传后提供剪裁工具，不用自己剪裁。
	宽高张制比例为 2∶3	
	宽高建议为 800px×1200px	

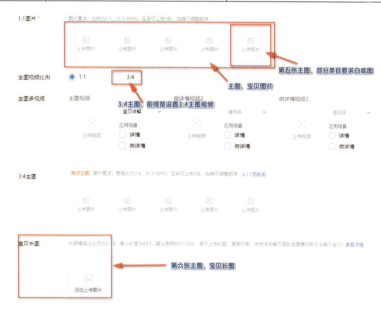

图 C03-6

图 C03-7

C03.2 主图的分类

电商类目非常多，不同产品的宣传物料风格各不相同。主图可以分为三类：功能类、款式类/装饰类、双重类目。

1. 功能类主图

功能类主图，顾名思义，是功能性产品的主图，如电饭煲、吹风机、电冰箱、手机等。这类主图要展现的内容非常多，一般由五张图片组成。这五张图片的内容展示上有一定的逻辑。

功能类主图的第一张图片展示的内容是最多的，包括价格、产品、优惠、服务、卖点等，如图C03-8所示。

图 C03-8

（资料来源：各品牌旗舰店）

不同功能性产品的主图设计逻辑基本相同。首先，产品的名称要突出；其次，产品的卖点要分几点进行展示，可以加上一些装饰；再次，赠品或活动优惠可以用红色、黄色等醒目的颜色进行标注；最后，价格一定要明显，服务等内容可以和价格放在一起。这就是功能性产品的第一张主图。

第二张～第四张主图则分别对产品的卖点进行介绍，如图C03-9所示。

  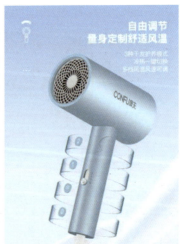

图 C03-9

（资料来源：各品牌旗舰店）

图 C03-9（续）

（资料来源：各品牌旗舰店）

第二张～第四张主图用于展示产品的单独卖点，因为第一张主图展示的内容有限。而且一般这种情况下只需要在详情页中截图就可以了，C05 课会讲解详情页的制作。

第五张主图有时也会展示产品的卖点，有时则放置优惠信息或纯粹展示产品，如图 C03-10 所示。

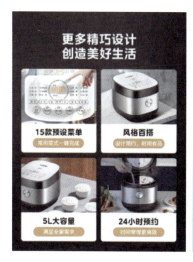

图 C03-10

（资料来源：各品牌旗舰店）

这就是功能类产品的主图。一定要厘清展示的逻辑，并将重要信息展示清楚。

2. 款式类/装饰类主图

款式类/装饰类主图一般用于展示服装、首饰等产品。这种主图和功能类主图的区别很大，一般五张主图全部以展示为主。

我们先看第一张主图，如图 C03-11 所示。

可以发现，款式类/装饰类主图通常比较简单，没有复杂的背景和烦琐的文案，只有产品、价格和一些简单的文案。因此，款式类/装饰类主图着重体现产品和价格，与功能性主图有很大的区别。

款式类/装饰类主图的第二张～第四张也都是产品的展示，包括细节展示、场景展示、模特多角度多姿势展示、尺寸标注等，如图 C03-12 所示。

图 C03-11

(资料来源：各品牌旗舰店)

图 C03-12

(资料来源：各品牌旗舰店)

图 C03-12（续）

（资料来源：各品牌旗舰店）

款式类/装饰类主图的第五张图可以是场景展示或模特展示，这里不再赘述。

3．双重类目主图

双重类目主图既要展示产品的功能，又要注重产品外观的展示。例如，保暖内衣的主图，既要注重其保暖性，又要注重其款式。

对于双重类目主图，可以根据产品的重点来决定制作方式。如果注重产品功能，可以按照功能类主图的方式制作，第一张主图展示产品、价格、优惠活动等，后面的主图展示产品的细节等。如果注重产品款式，可以按照款式类/装饰类主图的方式制作，第一张主图展示产品的款式，后面的主图展示产品的卖点。

双重类目主图可以根据产品的特点进行调整，灵活运用。

C03.3　主图的作用

在电商设计中，主图占据非常重要的地位。作为一个免费的流量入口，主图的好坏直接影响店铺的销量。

主图是店铺获取免费流量的入口。这里的免费是指顾客点击，店家不需要花费任何费用。免费流量入口是根据店铺的权重等综合信息进行评定，自动展示在淘宝等平台的对应位置的。

评判主图好坏的重要指标有两个，一个是点击率，另一个是转化率。通常，提高主图的点击率是电商设计师的一个绩效考核指标。

C03.4 主图的制作

其实制作主图就像讲一个故事，设计师需要考虑对谁讲，讲什么，怎么讲。

首先是对谁讲，即确定目标人群，这样才能确定使用的配色、风格等。例如，儿童产品和中老年产品使用的色彩肯定不同，男性产品和女性产品的风格也不同。确定好产品人群之后，才能确定色彩、风格、场景等，如图C03-13所示。

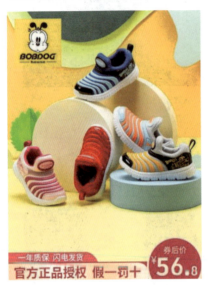 

图 C03-13

（资料来源：各品牌旗舰店）

其次是讲什么，具体而言就是产品价格、产品文案（产品的卖点、利益点）的写法。例如，价格立减50元、全国包邮/联保、智能降噪等。这需要设计师将主要和次要信息提炼排版，如图C03-14所示。

图 C03-14

（资料来源：美的官方旗舰店）

最后是怎么讲，体现在实际设计中就是促销活动。电商平台的促销活动非常多，而且随着竞争的激烈会越来越多。不同的活动需要使用不同的色彩，给出不同的价格优惠力度，文案也各不相同，如图C03-15所示。

只有搞清楚这些，我们才可以利用学到的技术做出一张爆款主图。

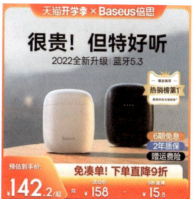

图 C03-15

（资料来源：各品牌旗舰店）

C03.5 综合案例

C03.5.1 综合案例一——开学季耳机主图

开学季到了，老板给小森分配了一个任务，要求他制作一张与天猫开学季活动相关的耳机主图，设计要简约，不要过于花哨。

本综合案例的参考效果如图 C03-16 所示。

图 C03-16

制作思路

在开始制作主图之前，需要先进行市场调研。首先，需要了解天猫开学季活动采用的色调。其次，需要调研大牌产品的设计风格。最后，可以找一些耳机主图作为参考，开始制作主图。

操作步骤

01 打开 Photoshop，新建画布，命名为"开学季耳机主图"，设定尺寸为 800 像素 ×800 像素，【颜色模式】为【RGB 颜色】，【分辨率】为 72 像素 / 英寸。

02 选择【矩形工具】,拖曳 800 像素 ×800 像素的绿色描边矩形框作为边框,调整【描边】为 20 像素。双击图层,打开【图层样式】对话框,选中并打开【渐变叠加】选项卡,渐变色值分别为 # b8e324、# 7a9b09、# b8e324,如图 C03-17 所示。

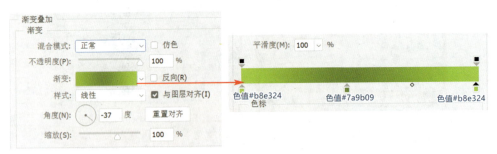

图 C03-17

03 将"耳机产品"置于画布中,调整至合适的大小和位置,按 Ctrl+J 快捷键复制耳机素材,命名为"倒影",按 Ctrl+T 快捷键进行自由变换,在三角形中右击,在弹出的快捷菜单中选择【垂直翻转】命令,拖曳到产品底端,使其底端对好,如图 C03-18 所示。

图 C03-18

04 选择"倒影"图层,在图层列表下方单击【添加图层蒙版】按钮,选择【画笔工具】,设置前景色为黑色,在图层蒙版中进行擦除,做出慢慢虚化的效果。最后调整图层的不透明度,再新建图层,选择【画笔工具】,设置前景色为黑色,单击并按 Ctrl+T 快捷键进行自由变换调整大小,制作阴影,如图 C03-19 所示。

图 C03-19

05 接下来将文案层级整理好,选择【矩形工具】,将各个位置的基础矩形拖曳出来,如图 C03-20 所示。

图 C03-20

06 双击"价格"矩形框图层,打开【图层样式】对话框,选中并打开【斜面和浮雕】【内发光】【渐变叠加】【投影】选项卡,参数设置如图 C03-21 所示,效果如图 C03-22 所示。

图 C03-21

图 C03-22

07 双击右侧的矩形框图层，打开【图层样式】对话框，选中并打开【斜面和浮雕】选项卡，上、下矩形框的参数设置如图 C03-23 所示，效果如图 C03-24 所示。

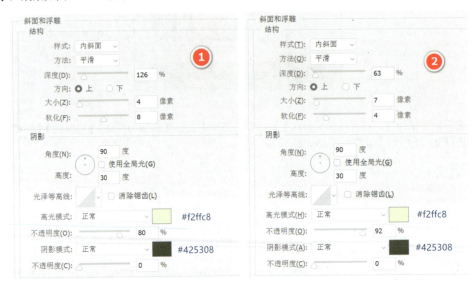

图 C03-23

图 C03-24

08 最后对产品文案进行排版，开学季耳机主图就做好了，如图 C03-25 所示。

图 C03-25

C03.5.2　综合案例二——电饭煲主图

最近人工智能绘图在设计圈火爆起来。618活动快到了，老板给小森分配了一个任务，要求他制作一张美观的电饭煲主图。小森立即打开人工智能绘图网站，使用生成场景功能，飞快地完成了任务。

本综合案例的参考效果如图C03-26所示。

图 C03-26

制作思路

先做活动市场调研，找到合适的展现场景，输入提示词，最后将产品拖进场景中，在Photoshop中进行融合，加上文案，主图就做好了。

操作步骤

01 打开Midjourney，在对话框中输入提示词"Chartreuse grassland with scattered rocks, warm light and sparse plants"，按Enter键生成四张场景图，如图C03-27所示。

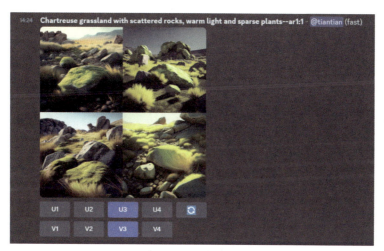

图 C03-27

02 选择合适的场景，比如左下角的场景，单击V3按钮生成大图，右击进行保存。将大图拖进Photoshop中，并将电饭煲产品置于场景图层之上，如图C03-28所示。

图 C03-28

03 在图层列表下方单击【创建新的填充或调整图层】按钮,选择【色彩平衡】选项创建调整图层,微调场景的色彩。再新建图层,选择【画笔工具】,设置【前景色】为黑色,将产品在石头上的投影画出来,参数设置如图 C03-29 所示,效果如图 C03-30 所示。

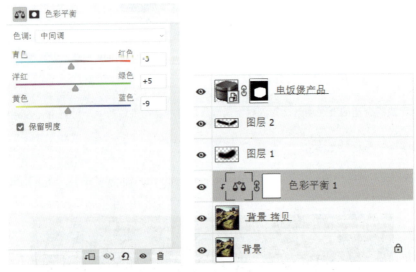

图 C03-29

图 C03-30

04 在图层列表下方单击【创建新的填充或调整图层】按钮，选择【曲线】选项创建调整图层，微调电饭煲的明暗对比。再新建图层，置于电饭煲图层之上，右击，在弹出的快捷菜单中选择【创建剪贴蒙版】命令，选择【画笔工具】，增强电饭煲的明暗对比，参数设置如图C03-31所示。

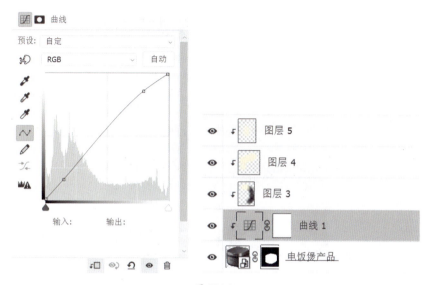

图 C03-31

05 最后加上文案，电饭煲主图就制作完成了，效果如图C03-32所示。

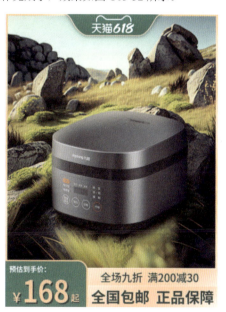

图 C03-32

C03.6　作业练习——洗衣机主图设计

小森下班回家准备洗衣服，不料用了十年的洗衣机居然坏了。他打算买一台新的，但挑选新洗衣机时发现它们的主图都不够好看。小森的设计热情开始澎湃，于是打开电脑开始制作洗衣机的主图。

本作业练习的参考效果如图C03-33所示。

图 C03-33

作业思路

将利益点分好主次，突出价格，使用明亮的颜色，搭配多种色彩，可参考市面上的主图。

主要技术

（1）文案排版。
（2）色彩搭配。
（3）光效制作。

总结

本课主要学习主图设计。在电商设计中，主图设计是最基础的工作之一。要在有限的空间内将信息传达给消费者，需要设计师具备非常强的逻辑设计能力。只有认真进行市场调研、竞品分析等工作，才能创作出高点击率的爆款主图。

设计海报是每位设计师的工作之一，在设计内容中占有不小的比重。从某个角度来看，主图、详情页、活动图、首页等设计都可以看作海报设计，只不过注意的点和成品尺寸不同。无论是哪种海报设计，都需要有背景和文案。电商设计需要有产品和活动主体，可能还需要进行字体设计，同时需要添加各种元素。因此海报设计是非常重要的技能，也是设计师面试时必须要准备的作品集内容之一。

海报设计都有哪些类型？它们之间又有什么相同和不同之处？

接下来，我们开始电商设计中海报设计的学习之旅。

C04.1　海报的发展史

海报的发展历史相当漫长。我国早在宋朝就出现了印刷广告，远早于欧美国家。然而，那时的广告并不属于真正意义上的海报。

直到19世纪末20世纪初，海报才逐渐走向成熟并展现出其独特的艺术魅力。在这一时期，海报的设计逐渐获得了更多的关注和认可，成为艺术家们表达创意和传播信息的重要媒介。这一时期的海报设计成果对后世的艺术家和设计师产生了深远影响，为现代海报艺术奠定了坚实的基础。

本课主要介绍电商产品海报的设计。

C04.2　海报的类型

海报有许多不同的类型。平面设计师主要负责设计平面类型的海报，电商设计师则主要负责设计电商产品海报，而视觉设计师则主要负责设计视觉方面的海报。

海报可以分为公益海报、电影海报、宣传海报、产品海报等。

1. 公益海报

公益海报通常表现出对老人、留守儿童、动物、环境等的关爱，要求设计师的思维能力非常高，需要用一定的设计手法表现出公益的含义。

2. 电影海报

电影海报在我们日常生活中较为常见，风格多种多样。同一电影有时会设计多个不同风格的海报。如图C04-1所示是2018年电影《绿皮书》的海报，以绿色为主色调，排版简约。

图 C04-1

（资料来源：电影《绿皮书》）

C04课　海报设计

C04.1　海报的发展史
C04.2　海报的类型
C04.3　海报的尺寸
C04.4　综合案例
C04.5　作业练习——电影海报设计
总结

电影海报有简约的、复杂的、抽象的和具象的等多种风格。对于同一部电影，会根据上映时间、地点和人物等因素设计不同风格的海报，如图C04-2所示。

图 C04-2
（资料来源：电影《黄金时代》）

3．宣传海报

宣传海报通常是公司为某个活动或产品制作的宣传物料，其主要作用是将主题展现给观众，以达到吸引流量的目的。宣传海报的设计于法多种多样。

4．产品海报

设计师需要根据产品以及活动和展示场景的特点设计产品海报。例如，C03课主图中的部分页面设计就可以看作产品海报。不同产品的海报风格不同。如图C04-3所示，耳机和手机的海报设计风格不同，给消费者的视觉感受也是不一样的。

图 C04-3
（资料来源：SONY京东自营官方旗舰店）

如图C04-4所示，零食类海报和酒类海报的风格大不相同。零食类海报通常采用亮丽鲜艳的色调，旨在激发观者的食欲；而酒类海报则倾向于简约排版，着重营造高端格调。

图 C04-4

（资料来源：各品牌京东自营官方旗舰店）

同一种产品，在不同的店铺中展示，采用的设计风格也可能不同，如图 C04-5 所示。

图 C04-5

（资料来源：各品牌京东自营官方旗舰店）

产品种类繁多，因此设计师需要掌握各种技法，以便制作出不同风格的海报。从平面化设计到立体化设计，设计师都应当精通，以应对不同产品的需求。

C04.3　海报的尺寸

海报的尺寸通常取决于展示场所和目的，不同平台的尺寸和比例要求也可能不同。海报可以分为线上海报和印刷海报，它们的尺寸也有所不同。线上海报通常以像素为单位，而印刷海报则以英寸或毫米为单位。

对于线上海报，尺寸需要根据展示平台和需求来确定。例如，如果要在社交媒体平台发布海报，需要遵循该平台的尺寸要求；如果要在网站上展示海报，需要考虑网页的布局和设计，以确定合适的尺寸。

对于印刷海报，尺寸需要根据展示场所和目的来确定。例如，在户外广告牌上展示海报，需要较大的尺寸，例如24英寸×36英寸或更大；而在杂志上刊登海报，则需要较小的尺寸，例如8.5英寸×11英寸。

此外，不同国家和地区的海报也有不同的标准尺寸。例如，在美国，常见的海报尺寸包括11英寸×17英寸、18英寸×24英寸和24英寸×36英寸；在欧洲，常见的海报尺寸包括A1（23.4英寸×33.1英寸）、A2（16.5英寸×23.4英寸）和A3（11.7英寸×16.5英寸）。

一般情况下，具体的尺寸可以向需求方进行咨询，并参考Photoshop中给出的一些参考尺寸。

C04.4 综合案例

C04.4.1 综合案例一——护肤品海报

小森今天的设计任务是创作一张引人注目的护肤品海报。他运用设计技巧和创意，传达出产品的品质与诱人之处。通过精心的构图、色彩搭配和艺术细节的处理，小森为这张海报注入了生机与活力，让消费者对这款护肤品充满期待。

本综合案例的参考效果如图C04-6所示。

图 C04-6

制作思路

利用场景搭建，做出立体的产品展示海报，色彩选择为黄蓝搭配。

操作步骤

01 打开Photoshop，新建画布，命名为"护肤品海报"，设定尺寸为1200像素×1500像素，【颜色模式】为【RGB颜色】，【分辨率】为72像素/英寸。

02 使用【矩形工具】拖曳一个矩形框，命名为"背景墙"，设置【填充】为黄色（色值为R: 251、G: 212、B: 75），放在画布左侧。再使用【矩形工具】拖曳一个矩形框，命名为"白色背景墙"，设置【填充】为白色，放在画布右侧，如图C04-7所示。

图 C04-7

03 将"护肤品产品"置于画布中,调整至合适的大小和位置。选择"护肤品图层",在图层列表下方单击【创建新的填充或调整图层】按钮,选择【曲线】选项创建调整图层,改变产品的明暗对比,如图 C04-8 所示。

图 C04-8

04 使用【矩形工具】和【钢笔工具】将护肤品台子做出来,设置【填充】为黄色调,具体色值如图 C04-9 所示。

图 C04-9

05 分别在台子的三个面上使用【曲线】创建调整图层,做出台子的明暗过渡。选择【画笔工具】,做出台子的阴影,如图 C04-10 所示。

图 C04-10

06 按 Ctrl+J 快捷键复制护肤品，按 Ctrl+T 快捷键进行自由变换，在三角形中右击，在弹出的快捷菜单中选择【垂直翻转】命令，使用【移动工具】移动到底端，在图层列表下方单击【添加图层蒙版】按钮，使用【画笔工具】在蒙版中擦除，如图 C04-11 所示。

图 C04-11

07 选择"背景墙"图层，在图层列表下方单击【创建新的填充或调整图层】按钮，选择【曲线】选项创建调整图层，做出护肤品的投影。再将窗光添加到背景板中，使用【画笔工具】制作"背景墙"图层的明暗过渡，如图 C04-12 所示。

图 C04-12

08 将天空素材添加到"白色背景墙"图层中，在图层列表下方单击【创建新的填充或调整图层】按钮，选择【曲线】

选项创建调整图层，目的是调整天空的亮度，使其变得更亮，如图 C04-13 所示。

图 C04-13

09 添加叶子素材，在图层列表下方单击【创建新的填充或调整图层】按钮，选择【色相/饱和度】选项创建调整图层，将绿色调整为青色，数值参考和完成效果如图 C04-14 所示。

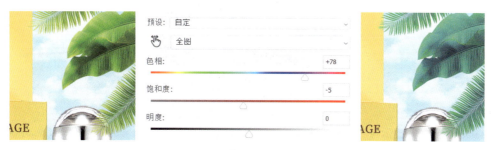

图 C04-14

10 对提供的文案进行排版，使其主次明确，突出价格，最后加上一些金色的点缀，完成护肤品海报的制作，如图 C04-15 所示。

图 C04-15

C04.4.2 综合案例二——口红海报

小森接到了一个制作口红海报的任务,要求场景贴合女生化妆的情境,还需要加入其他化妆品作为素材。小森想到使用人工智能生成化妆台场景,再将口红和场景进行融合。

本综合案例的参考效果如图C04-16所示。

图 C04-16

操作步骤

01 打开 Midjourney,输入提示词 "In this makeup table scene, we see an exquisite makeup table with various cosmetics and tools on it. A box of lipstick sits on the dressing stool in front of the mirror, and its color is as dazzling as a beautiful sunset. Makeup brushes are scattered on the table, and their handles are plated with pink and gold, looking very luxurious. On the other side, a delicate perfume bottle and a bottle of essential oil stand quietly together, emitting a soft glow from their bottles. There is also a pink lace tablecloth on the table, adding a touch of tenderness and romance to the whole scene. The entire scene is filled with femininity and delicacy, making people want to sit down and enjoy a quiet moment in this beautiful space.",生成四张场景图,如图C04-17 所示。

图 C04-17

02 单击 U1 按钮生成大图,将场景大图拖进 Photoshop 中,置于口红图层下,调整口红产品的摆放位置,按 Ctrl+T 快捷键进行自由变换,调整至合适的大小,效果如图 C04-18 所示。

图 C04-18

03 选择【仿制图章工具】或【修复画笔工具】,将口红后的背景产品修掉,再调整背景图的大小,在图层列表下单击【创建新的填充或调整图层】按钮,选择【曲线】选项创建调整图层,调整背景图的明暗,如图 C04-19 所示。制作出口红的投影,效果如图 C04-19 所示。

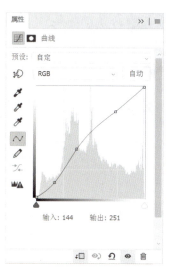 

图 C04-19

04 调整口红的明暗对比,也可以选择【曲线】进行调整,将口红的高光以及暗部做出来。再新建图层,使用【画笔工具】做出阴影,如图 C04-20 所示。

图 C04-20

05 按 Shift+Ctrl+Alt+E 快捷键盖印所有图层，右击，在弹出的快捷菜单中选择【转换为智能对象】命令。执行【滤镜】—【Camera Raw 滤镜】菜单命令，调整色彩以及明暗对比，相关参数如图 C04-21 所示。制作完成的口红海报如图 C04-22 所示。

图 C04-21

图 C04-22

C04.5　作业练习——电影海报设计

小森和朋友一起去看电影，电影非常精彩，但是宣传海报却与电影的主题和风格不符。作为一名设计师，小森认为原本的海报无法展现电影的魅力。因此，他决定自己动手制作一张更符合电影风格的海报。回到家后，小森花费了大量时间和精力，设计出了一张非常出色的海报。这张海报既符合电影的主题和风格，也充分展示出电影的魅力和特点，并十分具有吸引力。小森的朋友和其他人看到这张海报后都非常喜欢，纷纷表示要向小森请教更多的设计技巧和方法。

本作业练习的参考效果如图 C04-23 所示。

图 C04-23

作业思路

按照提供的素材图制作一张电影海报。重点在于光影的处理，人物要与环境统一。字体设计也很重要，因为是电影海报，字体要厚重且具有破碎感。另外，人物前的破碎的石块要做出景深感。

主要技术

（1）【钢笔工具】。
（2）【画笔工具】。
（3）【图层样式】。
（4）【滤镜】。
（5）【曲线】。
（6）【色相/饱和度】。

总结

本课主要学习海报设计。海报设计在设计工作中占据非常大的比例，实际上，任何类型的设计作品都可以归为海报设计，只是在风格、尺寸、表现逻辑等方面存在差异。因此，设计师需要掌握好构图、排版、色彩、风格等方面的技巧，包括字体设计和空间场景的搭建等手法。只有掌握了这些技能，才能应对各种挑战，创作出优秀的海报。

C05课

详情页设计

C05.1 详情页的位置和规范
C05.2 详情页的板块布局
C05.3 详情页的作用
C05.4 详情页的制作
C05.5 综合案例
C05.6 作业练习——杯子详情页设计

总结

电商详情页是电商网站中展示产品详细信息的页面，通常包括产品图片、产品描述、价格、促销信息、购买选项和评论等内容。

产品图片是详情页中最重要的部分，应该清晰、精美，能够展示产品的外观和细节。通常，详情页会提供多张产品图片，包括主图和细节图，以便用户从不同角度查看产品。

产品描述是详情页中另一个重要部分，应该详细、准确地描述产品的特点、功能和优点，还应该包括尺寸、重量、材质等信息。

价格和促销信息也是详情页中不可或缺的内容，价格应该清晰明了，促销信息应该突出展示，以吸引用户购买。

可以适当地加入店铺评论作为详情页的一部分，从而帮助用户了解其他用户对产品的评价，让其做出购买决定。

不同产品的详情页风格各不相同，需要根据产品特性、应用场景和活动设计。详情页的风格会影响产品的转化率，因此设计师在设计产品详情页时需要考虑产品的特性和目标用户，以确定合适的设计风格和页面展示逻辑。

如图 C05-1 所示为两款产品的部分详情页，一个是电脑的详情页，另一个是口罩的详情页。它们的风格大不相同，页面展示的逻辑也不同。

接下来，我们将开始电商设计中详情页设计的学习之旅。

图 C05-1

（资料来源：各品牌官方旗舰店）

C05.1 详情页的位置和规范

详情页是向消费者详细描述产品信息的页面，它承载着电商网站的大部分流量和订单。设计一张完整的详情页需要注意色彩、细节、搭配、展示场景、尺寸等。详情页通常包含以下几个部分：产品海报、产品参数、细节展示、产品展示等，通过图文结合的形式全方位地展现产品，以提高消费者的购买欲望。

C05.1.1 详情页的位置

产品详情页设计是电商设计中最重要的一个环节。详情页详细介绍产品的卖点及特性，其作用就是转化，即促成销售。详情页通常位于产品页面，在淘宝网站上搜索一款产品，单击一张主图，如图 C05-2 所示。进入产品页面后往下滑，长图就是产品详情页，如图 C05-3 所示。

图 C05-2

图 C05-3
（资料来源：WIS 旗舰店）

C05.1.2 详情页的规范

电商设计师需要了解详情页的规范，其中淘宝平台的详情页的宽度有750像素和790像素两种规格可选，高度不固定。由于详情页长图的长度过长，需要进行切图才能上传至后台，因为后台上传时需要分段上传。切图可以使用Photoshop等工具完成。

C05.2 详情页的板块布局

在设计详情页时，需要注意板块布局的逻辑。有时候，不必追求过于华丽的设计，只需清晰地展示产品卖点信息即可。

通常，详情页可分为五个板块，下面详细展开介绍。

（1）关联销售。关联销售是一种捆绑销售方式，可以通过关联营销提高流量利用率，增加店铺访问量，降低跳失率并提高销售量。关联销售实际上可以看作海报，海报内容可以是店铺的优惠活动或产品展示。如果对当前产品不感兴趣，消费者可以在关联销售页面看到店铺的其他优惠活动或产品，并点击跳转到其他产品页面，从而提高转化率和降低跳失率。尺寸方面，宽度为750像素或790像素，与详情页宽度保持一致；高度一般不超过2000像素，如图C05-4所示。

图 C05-4
（资料来源：各品牌官方旗舰店）

（2）头图海报。详情页头图海报是最重要的一个板块，需要设计师根据产品特性、使用场景和活动等做出相应的设计。如图C05-5所示，可以看到不同产品的头图海报的设计风格和展现的内容是不同的，但核心是展示产品。因此，需要设计师认真构思设计，以达到最佳的展示效果。

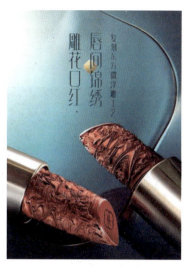

图 C05-5

（资料来源：各品牌官方旗舰店）

（3）卖点图标。相对于用文字描述产品卖点，卖点图标化会更节省空间且更生动有趣。一般来说，功能性产品会将卖点做成图标，而款式类产品则不会进行图标化处理。需要注意的是图标要统一：如果采用描边风格图标，则所有图标都需要采用描边样式。图标要结合文字介绍展示，并且要注意距离逻辑：图标内部信息之间的距离要近一些，而图标与图标之间的距离要远一些。一般图标数量为偶数，便于排版，如图C05-6所示。

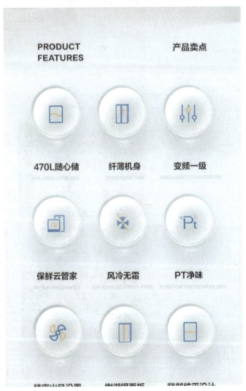

图 C05-6

（资料来源：各品牌官方旗舰店）

（4）卖点分屏海报。在制作好卖点图标之后，可以按照卖点图标的顺序制作相应的卖点海报。当然，不是必须将所有卖点都制作成海报展示出来，但最少要制作三张海报，如图C05-7所示。

图 C05-7

（资料来源：美的官方旗舰店）

　　款式类产品的详情页和功能性产品的详情页稍有不同，如图 C05-8 所示为款式类产品详情页的分屏展示，款式类产品的卖点不体现在功能，而主要体现在样式、设计、质感等方面。

图 C05-8

（资料来源：马克华菲手表旗舰店）

（5）参数信息。该板块应包括颜色、尺寸、使用场景、证书或模特展示等信息。例如服装、跳绳、跑鞋、手机等产品，有多种颜色和款式，不同使用场景和产品安全性也需在页面中说明，如图C05-9所示。

图 C05-9
（资料来源：各品牌官方旗舰店）

这些页面并没有固定的顺序。例如，对于安全类产品，产品证书的展示可能更为重要，应放在前面。

以上就是详情页板块布局的情况。在设计详情页时，一定要注意合理的逻辑顺序，并且页面之间的过渡也应该自然顺畅，避免出现过于明显的反差，以确保页面整体和谐一致。

C05.3　详情页的作用

详情页的主要作用是向消费者展示店铺产品的完整信息，可以将其视为线下商店中的导购员，通过提供产品的基本属性、功能介绍、使用说明、外观图、细节图、店铺经销证书等一系列信息，帮助消费者更全面地了解产品情况，提高购买转化率，促进成交。

详情页在电商设计中占有非常重要的地位。详情页的设计质量直接影响产品销量和购买转化率。详情页在电商中的重要作用具体如下。

（1）介绍产品信息：详情页是向潜在买家展示产品信息的主要场所。其清晰而详尽地呈现产品的特点、规格、功能和用途等信息，可以帮助消费者更好地了解产品，减少他们在购买前咨询客服的需求。这有助于提高购物体验，降低售前客服工作量。

（2）展示产品卖点和细节：一个好的详情页能够有效地突出产品的卖点，以吸引消费者的注意力并提高其购买欲望。通过高质量的图片、视频或说明文字，清晰地展示产品的细节、功能和优势，可以增加消费者对产品的信任感和满意度，从而提高转化率。

（3）说明购物售后流程：在详情页中提供关于购物售后流程的明确信息，例如退换货政策、售后服务和保修条款等，可以帮助消费者了解他们在购买产品后可能遇到的问题的解决方案。这有助于减少售后纠纷的发生，并提升消费者购买产品的信心和满意度。

（4）提升店铺转化率：详情页不仅仅是一个单独的产品展示页面，也是整个店铺的一部分。通过在详情页中巧妙地引导消费者浏览其他相关产品或优惠活动，店铺可以提高整体的转化率和销售量。例如，通过在详情页中显示相关产品推荐或者购买套装，可以促进额外的销售。

（5）丰富和装修店铺视觉：一个经过精心设计和布局的详情页可以提升店铺的形象和品牌价值。通过使用合适的配色方案、专业的产品摄影、吸引人的排版和动画效果等，可以创造出令消费者愉悦的购物体验，并吸引更多的消费者浏览和购买产品。

因此，一个好的详情页设计不仅仅是简单地展示产品信息，还需要通过各种方式引导消费者做出购买决策，并提供良好的购物体验，从而提高转化率和销售量。

C05.4 详情页的制作

详情页设计是电商设计师最基础也是最重要的工作内容，因此掌握设计出优秀详情页的技能非常重要。设计详情页和设计主图类似，需要设计师像讲故事一样将产品介绍给消费者，从而让消费者建立信任感，促使其下单购买。

在讲述故事的过程中，需要一环接一环，上下文衔接，详情页的设计也是如此，需要注意合理的逻辑顺序，并根据产品介绍的重点进行页面设计。

如图C05-10所示为一款跳绳的详情页，以蓝色为主色调，页面之间的过渡自然，产品信息表述清晰。这需要电商设计师拥有深厚的设计功底，既要保证详情页的设计美感，又要确保清晰准确地呈现产品信息。

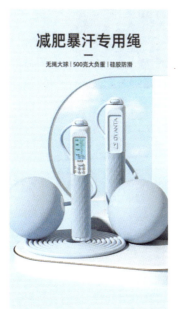
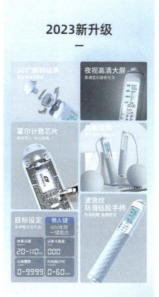

图 C05-10

（资料来源：欧梵达旗舰店）

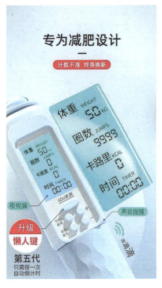  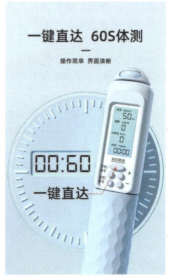
 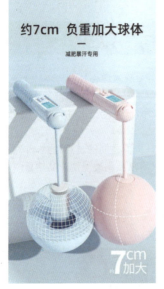  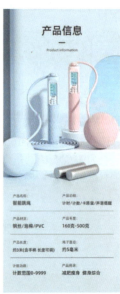

图 C05-10（续）

（资料来源：欧梵达旗舰店）

C05.5 综合案例

C05.5.1 综合案例一——动力机械课程详情页设计

小森是一名经验丰富的电商设计师，他接到了一个设计动力机械课程详情页的任务。在这个课程详情页中，小森决定通过精心选择的图像和引人入胜的文字来展示该课程的独特魅力。他认真分析了课程的内容和特点，打算运用创意新颖的布局和色彩搭配突出机械工程的创新性和实用性。

本综合案例的参考效果如图 C05-11 所示。

制作思路

课程类详情页设计的重点在于信息的展示,需要将课程内容清晰、准确地表达出来。因此,相较于其他类型的详情页,课程类详情页更加注重文案排版和元素制作。尽管相对简单,但设计师仍需要注重细节,例如,清晰明了的文案、页面元素的合理排版等方面。只有这样才能确保课程信息的准确传达,提高课程的吸引力和转化率。

操作步骤

01 打开 Photoshop,新建画布,命名为"动力机械详情页",设定尺寸为790像素×5989像素,【颜色模式】为【RGB 颜色】,【分辨率】为72像素/英寸。

02 将做好的机器人拖进画布中,这里要注意的是文案标题的排版,可选择【钢笔工具】的【形状】模式勾勒不规则矩形框,找一些纹理给矩形框创建剪贴蒙版,还可以添加一些小齿轮作为装饰元素。对文案进行排版,增加美感。可以在"动力机械"几个字的周围添加一些螺丝钉等元素作为装饰,参考效果如图 C05-12 所示。

图 C05-12

03 设计第二张详情页。双击"标题文字"图层,打开【图层样式】对话框,选中并打开【描边】选项卡,设置【颜色】为红色,描边稍微粗一些,对其余的文案进行简单的排版,与矩形框相结合,将产品摆放在画布中,可给产品添加【曲线】调整图层进行明暗的调整,参考效果如图 C05-13 所示。

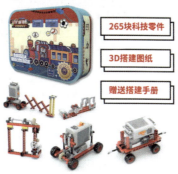

图 C05-11   图 C05-13

04 选择【矩形工具】，拖曳出矩形框，尺寸为 790 像素 ×330 像素，调整【填充】为红色（色值为 R：228、G：64、B：72），加上纹理，将文案与矩形框相结合进行排版，左边是文案，右边是产品，采用左右构图的方式，如图 C05-14 所示。

图 C05-14

05 接下来的板块，对背景进行颜色分割，标题背景是色值为 #fad9da 的粉红色，产品背景是色值为 #e44048 的红色，将产品置于白色矩形框中，并确保其美观大方，完成一个板块的制作。其他的板块设计类似，可以直接进行复制并排版，如图 C05-15 所示。

图 C05-15

06 标题的背景要与机械元素挂钩，可以放一个机器人，主、次层级排好，下面的内容置于白色背景之上，白色矩形框可以添加【投影】效果，如图 C05-16 所示。

图 C05-16

07 对于"警告"板块，可以考虑采用不同的样式进行设计。如为标题添加圆角矩形的背景，并为副标题添加一些纹理素材作为剪贴蒙版，然后将内容置于矩形框之上，效果如图C05-17所示。

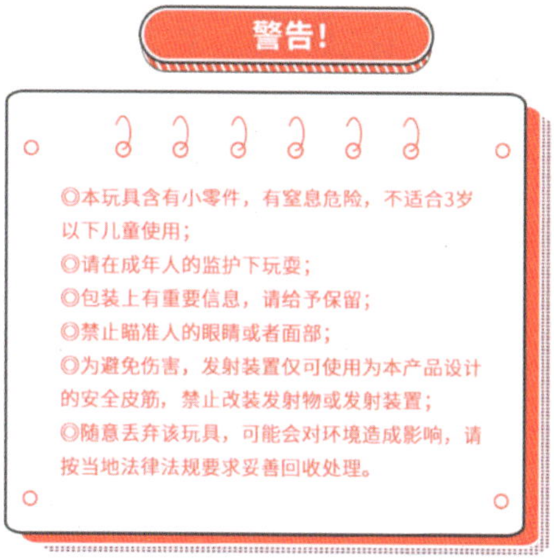

图 C05-17

08 最后的"电池使用注意事项"板块的标题背景可以采用一些爆炸的装饰元素进行设计，以突出其特殊性。而内容排版保持简洁明了即可，如图C05-18所示。至此，完成动力机械课程详情页的制作。

图 C05-18

C05.5.2 综合案例二——空气净化器部分详情页设计

小森刚买了一台空气净化器，他打算使用Midjourney制作一个详情页，展示空气净化器的各种功能和特性。这种创新的制作方式不仅提高了效率，还使得页面更加吸引人，展现了小森的创造力和技术实力。

本综合案例的参考效果如图C05-19所示。

图 C05-19

制作思路

　　Midjourney 中有一个"图生图"功能,可以将从网上下载的产品图片上传到 Midjourney 中,并输入编写好的提示词,生成产品场景,非常方便。但是它也存在一些缺陷,如不能百分之百地还原产品,会在细节上有一些差别。

操作步骤

　　01 首先下载一款空气净化器的产品图,将其上传到 Midjourney 网站,按 Enter 键发送。接下来,编写场景提示词,需要注意格式:环境+灯光+构图方式+风格+摄影手法+细节渲染。

　　中文提示词:温馨的客厅,简单的家具,柔和的光线,空气净化放在沙发旁边,周围相对空旷,居中构图,超写实风格，写实摄影，高细节，高质量，高分辨率，8K。

翻译为英文"Warm living room,simple furniture, soft light, air purification placed next to the sofa, relatively empty around, Headshot, Center the composition ,Hyper-realistic style, realistic photography,high detail, high quality,high resolution,8K"。

02 在 Midjourney 网站输入"/imagine prompt"，然后输入上一步上传产品的图片后生成的链接，再按空格键，粘贴刚编写好的提示词，如图 C05-20 所示。

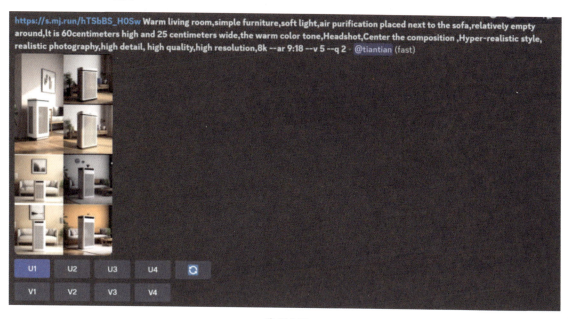

图 C05-20

03 单击 U1 按钮生成大图，拖曳到 Photoshop 中调整色彩，并加上文案，详情页的首屏就完成了，如图 C05-21 所示。

图 C05-21

04 接下来制作卖点图标。通过调研，最终确定制作的图标样式为立体、玻璃、磨砂风格，如图 C05-22 所示。

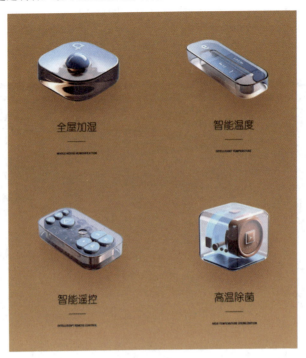

图 C05-22

提示词公式：主体（加湿器／温度计／遥控器）+颜色+风格+材质+照明方式+立体+渲染+细节。

根据公式编写提示词：温度计图标，棕色，磨砂玻璃，半透明，工业设计，白色背景，工作室照明，3d，c4d，OC渲染，高细节，8K。

翻译为英文"A thermometer icon, brown, frosted glass, transparent technology sense, industrial design, white background, studio lighting, 3d, c4d, blender, OC renderer, Pinterest, high detail, 8k"。这一段的主体是温度计（thermometer），要生成其他图标，只需替换 thermometer 这个单词就可以。

05 在 Midjourney 网站输入参考图标链接，然后将提示词加到后面，按 Enter 键就可以生成四个图标，如图 C05-23 所示。

图 C05-23

06 单击 U4 按钮生成大图，其他图标按照相应提示词生成，然后把图标拖曳到 Photoshop 中，进行抠图、调色、排版，参数设置如图 C05-24 所示。制作完成的图标如图 C05-22 所示。

07 首屏和卖点图标的页面效果如图 C05-25 所示。其他页面的制作过程类似，这里不再赘述，制作的重点是编写场景的提示词。

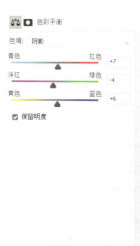
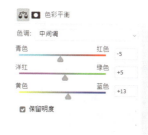
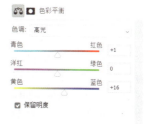

图 C05-24

图 C05-25

C05.6　作业练习——杯子详情页设计

小森最近购买了一个非常简约的杯子，为了练习自己的设计技能，小森打算使用自己的创意和技术，制作一个独特的表现杯子的详情页，展示杯子的各种特色和功能，吸引潜在买家的注意力。

本次作业的任务是制作一个简约风格的杯子详情页。我们可以结合市面上的杯子详情页，并根据产品颜色进行色彩搭配。杯子实拍图如图 C05-26 所示，详情页完成效果如图 C05-27 所示。

图 C05-26

图 C05-27

作业思路

需要设计成简约风格,可以借鉴一些店铺的设计风格和排版样式,并结合场景搭建进行布局。将杯子放在台子上,以绿色为主,金色为点缀色。同时,需要确保排版主、次层级分明,做好层级的处理。卖点图标可以采用描边形式来设计。

主要技术

(1)【钢笔工具】。
(2)【矩形工具】。
(3)【文字工具】。

总结

本课主要学习详情页设计。详情页设计是电商设计师最常做的设计之一。在设计详情页时,需要考虑板块逻辑,使主题表达明确,文案要分好层级。此外,还需要根据展示场景进行色彩搭配和空间布局。转化率的高低是评定一张详情页好坏的重要指标,通常也是电商设计师绩效考核的指标之一。

读书笔记

C06课 直通车图和钻石展位图的设计

在C03课中,我们学习了主图设计。主图是一个免费的流量入口,但是如果商家想要获取更多更精准的流量,降低流量跳失率,就需要付费购买一些广告位,以更好地展现产品,引导消费者点击购买。最常用的付费入口是直通车图和钻石展位图。

接下来,我们将开始电商设计中直通车图和钻石展位图设计的学习之旅。

C06.1 直通车图

直通车图是指电商平台上的广告创意图,通常用于展示和推广特定产品或服务。它是一种精心设计的广告图片,旨在吸引用户的注意力并促使他们点击进入产品详情页或购买页面。通过巧妙的设计和有吸引力的文案,直通车图可以在电商平台上提高产品的曝光度和销售量。

C06.1.1 直通车图的位置

淘宝直通车是为专职淘宝和天猫卖家量身定制的流量入口,是一种按点击付费的效果营销工具,旨在为卖家实现宝贝的精准推广。

PC端和移动端直通车图的位置有所不同,PC端直通车图位于右侧的"掌柜热卖"部分,如图C06-1所示;移动端直通车图则和主图混在一起,左上角带有"HOT"标志,如图C06-2所示。直通车图的尺寸与主图一致,均为800像素×800像素。

图 C06-1

图 C06-2

(资料来源:淘宝网)

C06.1 直通车图
C06.2 钻石展位图
C06.3 综合案例
C06.4 作业练习——书包直通车图设计
总结

C06.1.2　直通车图与主图的区别

主图和直通车图在电商平台上的使用和特点有所区别。

（1）流量入口和付费方式：主图是免费的流量入口，即在产品列表页中展示的首要图片，可吸引用户点击进入产品详情页；直通车图则是一种付费入口，按点击次数收费，只有当用户点击进入产品详情页时才会产生费用，用户不点击则不产生费用。

（2）图片和文案展示方式：主图通常展示较多的内容，包括产品的优惠活动、价格、卖点等。它是综合展示产品特点和促销信息的图片。而直通车图一般以展示产品为主，注重使用醒目、简洁的文案描述和吸引人的图片来吸引用户点击。直通车图可以采用产品的拍摄图片、产品+文案的组合，或者创意图片+创意文案的方式来吸引用户点击，如图C06-3所示。

图 C06-3
（资料来源：淘宝网）

尽管主图和直通车图在展示方式和使用目的上有所区别，但它们都是电商平台上重要的推广工具，旨在提高产品的曝光度、吸引用户注意并促进购买行为。

C06.1.3　直通车图的作用

直通车图在电商平台上具有以下几个重要作用。

（1）引导流量，提高点击率：通过直通车图的广告投放，引导更多的流量进入产品详情页，从而增加点击率。高点击率的产品会被平台认为是受市场欢迎的产品，会提升产品的人气权重。

（2）精准投放，提升转化率：直通车广告可以根据产品的定位和目标客户群体进行精准投放，吸引潜在买家的注意力，并提高转化率。通过准确定位目标客户，可以将广告投放给真正对产品感兴趣的人群，从而提高客户购买意愿和广告的转化率。

（3）提升产品销量，增加销量权重：直通车的广告投放可以带来更多的曝光和点击，从而提升产品的销量。销量的增加会影响产品的销量权重，进一步提高产品在平台搜索结果中的排名和曝光度。

（4）决定直通车广告的质量分，降低每次点击付费（PPC）：直通车广告的质量分是平台根据广告的点击率、转化率等指标进行评估的，质量分高的广告可以享受较低的每次点击付费。优质的直通车广告能够降低广告成本，提高广告效益。

需要注意的是，直通车图的点击率和转化率与产品、目标人群、创意、文案等因素密切相关。有时候不够美观的直通车图却能获得较高的点击率，如图C06-4（a）所示的直通车图的点击率高于图C06-4（b）所示的直通车图。因此，在设计直通车图时，需要综合考虑多个因素，以提高广告的效果和回报。

（a） （b）

图 C06-4

C06.1.4 直通车图的制作

制作直通车图时，可以根据不同的策略和目标选择不同的方式，以下是几种常见的方式。

（1）利益引诱：主要通过展示价格、优惠活动等利益相关的信息来吸引用户点击。直通车图可以突出显示产品的价格、折扣、促销活动等，以激发用户的购买欲望。同时，简洁明了的文案也可以强调产品的性价比和优势，如图 C06-5 所示。

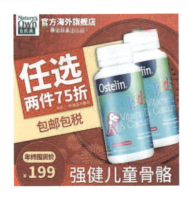  

图 C06-5

（资料来源：各品牌官方旗舰店）

（2）款式吸引：以产品的款式为主要展示内容，文案可以加也可以不加。在直通车图中，通过精美的产品图片和吸引人的外观设计来吸引用户的注意力，如图 C06-6 所示。

 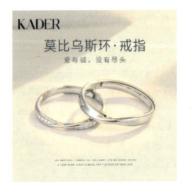 

图 C06-6

（资料来源：各品牌官方旗舰店）

（3）创意吸引：通过有创意的广告文案或设计来吸引用户点击。直通车图可以采用有趣、独特的文案和设计元素，以引起用户的兴趣和好奇心。有创意的文案或设计可以让直通车图在众多竞争对手中脱颖而出，并吸引用户主动点击，如图C06-7所示。

图 C06-7
（资料来源：各品牌官方旗舰店）

在制作直通车图时需要注意，要确保图片和文案清晰、具有吸引力，同时要与产品的定位和目标受众相匹配。选择合适的制作方式，并结合产品的特点和市场需求，可以提高直通车广告的效果和点击率。

C06.2　钻石展位图

钻石展位是淘宝官网的图片类广告位竞价投放平台，是为淘宝卖家提供的一种营销工具。钻石展位图依靠图片创意吸引买家点击，获取巨大流量。

C06.2.1　钻石展位图的位置

钻石展位是最大的广告位，它的位置如图C06-8所示。在投放钻石展位图时，可以根据自身的产品特点和目标受众选择合适的位置进行投放，以获得更高的曝光率和更好的点击效果。

（a）

图 C06-8

（资料来源：淘宝网）

(b)

图 C06-8（续）

（资料来源：淘宝网）

C06.2.2　钻石展位图的尺寸

钻石展位图的尺寸有很多，展现位置也分为站内和站外（淘宝），如图 C06-9 所示。

分类	资源位名称	创意比例	最小尺寸
站内	竖版钻石位（新版首页焦点展示位 & 动态信息流位）	17:25	513x750
	无线焦点图	16:5	1120x350
	PC精选	5:3, 6:5, 55:13	250x150, 300x250, 220x52
	PC焦点图	13:7, 59:25, 2:5	520x280, 1180x500, 160x200
	PC首页通栏	18:1, 3:1	1188x66, 375x125
站外	高德	17:25, 16:5	513x750, 1120x350
	支付宝蚂蚁庄园	17:25, 16:5	513x750, 1120x350
	手机浏览器类	5:2	1000x400
	优酷	25:14	625x350
	今日头条等新闻类	15:14, 23:13, 5:2,9:13	750x694, 690x388, 1000x400, 540x900

图 C06-9

常用的尺寸：PC 端钻石展位图（淘宝平台）尺寸为 520 像素 ×280 像素，手机淘宝钻石展位图尺寸为 513 像素 ×750 像素。

钻石展位图的尺寸和位置可以根据广告主的需求和平台的规定进行选择。根据产品的特点和目标受众，合理选择尺寸和展示位置，可以提高广告的效果和回报。

C06.2.3 钻石展位与直通车

钻石展位和直通车都是付费流量入口，它们之间有一些区别，包括收费方式、投放方式、展现位置和设计要求等方面，具体介绍如下。

（1）收费方式不同：钻石展位按展现次数收费，以 CPM（每千次浏览单价）计费，根据出价从高到低进行展现。只要广告被展现，就需要支付相应的费用。而直通车则是按点击次数收费，只有当用户点击时才会产生费用，展示不收费。

（2）投放方式不同：钻石展位属于群体推广，覆盖人群比较广泛，但缺乏精准定向能力。直通车则可以进行精准投放，根据设定的关键词等条件，将广告精确地投放给特定的目标人群。

（3）展现位置不同：钻石展位通常出现在网页的高流量位置，如首页、搜索结果页和类目页面等。而直通车广告的展示位置则与用户的搜索行为相关，会在搜索结果页中显示。

（4）设计要求不同：钻石展位注重图片创意，通过吸引用户点击来实现目标。因此，广告的设计需要更加吸引人和具有创意元素。直通车对设计要求相对较低，主要注重展示产品和文案，可以更加直接地呈现产品的特点和优势。

钻石展位和直通车在以上方面存在明显的区别。卖家要根据自身的广告需求和目标受众，选择适合的流量入口，以更好地实现广告的效果和目标。

C06.2.4 钻石展位图的制作

以下是几种常见的钻石展位图的制作策略。

（1）图文结合：钻石展位广告通常由图片和文字组合而成，如图 C06-10 所示。图片要有吸引力，能够引起用户的注意，并与要推广的产品或服务相关联。文字部分可以简明扼要地介绍产品的特点、优势或促销信息，以激发用户的兴趣。

图 C06-10

（2）创意吸引：钻石展位广告需要具备创意，能够与众多其他广告区分开来，如图 C06-11 所示。创意可以表现在图片的设计上，如使用鲜明的颜色、有趣的插图或引人注目的构图。此外，广告的文案也可以采用幽默、充满感情或引人思考的方式来吸引用户的关注。

（3）明星效应：在钻石展位广告中，有明星或知名人物作为代言人可以带来明星效应。明星的知名度和影响力能够吸引用户的关注，并增加广告的可信度。在设计钻石展位广告时，可以考虑与明星合作或利用明星形象来提升广告的影响力。

图 C06-11

C06.3 综合案例

C06.3.1 综合案例一——鞋子钻石展位图设计

小森今天的任务是制作一张钻石展位图,他打算用简约的设计风格,简单进行配色,重点展示产品,很快完成了任务。本综合案例的参考效果如图 C06-12 所示。

图 C06-12

制作思路

钻石展位图展示的内容较为简单,不需要将产品的卖点表现出来,只需展现产品和标题即可。在设计时,可以借鉴电商平台上的其他钻石展位图,采用简约的设计风格,着重体现产品。

操作步骤

01 打开 Photoshop,新建画布,命名为"鞋子钻石展位图",设定尺寸为 513 像素 ×750 像素,【颜色模式】为【RGB 颜色】,【分辨率】为 72 像素 / 英寸。

02 选择【矩形工具】,创建一个尺寸为 513 像素 ×750 像素的矩形框作为背景,调整【填充】为灰色(色值为 R:239、G:239、B:239),如图 C06-13 所示。

图 C06-13

03 选择鞋子所在图层,在图层列表下方单击【创建新的填充或调整图层】按钮,选择【曲线】和【亮度/对比度】选项创建调整图层,参考数值如图 C06-14 所示,调整鞋子的亮度增强对比度,调整亮度,使其看起来更加明亮、干净,效果如图 C06-15 所示。

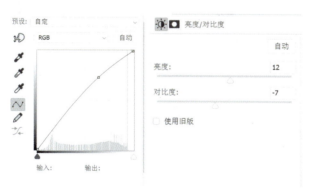

图 C06-14

图 C06-15

04 将纹理素材拖进画布中，置于"背景"图层之上，右击，在弹出的快捷菜单中选择【创建剪贴蒙版】命令，再调整纹理图层的【不透明度】，参考数值如图C06-16所示，使背景更加丰富，效果如图C06-17所示。

图 C06-16

图 C06-17

05 双击鞋子所在图层，打开【图层样式】对话框，选中并打开【投影】选项卡，做出鞋子的投影，并再一次选中并打开【投影】选项卡，对鞋子投影进行调整，参考数值如图C06-18所示，效果如图C06-19所示。

图 C06-18

图 C06-19

06 选择【文字工具】，输入文案并进行排版，完成鞋子钻石展位图的制作，如图 C06-20 所示。

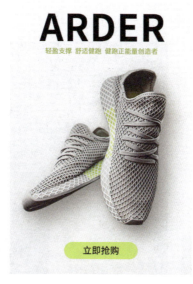

图 C06-20

C06.3.2 综合案例二——化妆品钻石展位图设计

小森今天遇到了一项困难的设计任务：老板给他提供了一张非常粗糙的实拍图，要求他制作一张钻石展位图。由于老板提供的实拍图无法直接使用，小森决定使用 Midjourney 制作一张高质量的钻石展位图。通过 Midjourney 的强大功能，小森可以轻松地将粗糙的实拍图转换为高质量的图像，并添加各种效果和特性，让钻石展位图更加吸引人。

本综合案例的参考效果如图 C06-21 所示。

图 C06-21

制作思路

本案例中钻石展位图使用雕刻效果，色彩高级。

操作步骤

01 打开 Midjourney，在对话框中输入 "/describe"，这是图生文命令。输入命令时，会出现上传图片的弹窗，将参考图片上传，就可以依据上传的图片生成 4 条提示词，如图 C06-22 所示。

图 C06-22

02 选择一条合适的提示词，会出现提交面板，如图 C06-23 所示，单击【提交】按钮就可以生成图片了，如图 C06-24 所示。也可以在提交面板的提示词后补充关键词，然后生成图片。

图 C06-23

图 C06-24

03 单击 V3 按钮，输入进一步调整的关键词 "box pattern carving style"，在第三张图的基础上生成四张图，如图 C06-25 所示。

图 C06-25

04 单击 U3 按钮生成大图，将大图拖进 Photoshop 中，利用之前学过的调色工具进行调色处理，参考数值如图 C06-26 所示。至此，完成化妆品钻石展位图的制作，如图 C06-27 所示。

图 C06-26

图 C06-27

C06.4　作业练习——书包直通车图设计

小森最近打算购买一款书包,他想趁此机会制作一张书包的直通车图。他可以通过这个过程了解书包的各种特性和功能,还能提高自己的设计能力和技术水平,可谓一举两得。

本作业练习为直通车图的设计。要求根据提供的产品图并参考市场上同类型产品的直通车图设计,做出一张直通车图,如图C06-28所示。

图 C06-28

(原图作者:Sun Lingyan)

作业思路

首先需要进行市场调研,在电商平台搜索相关产品的直通车图。接着根据爆款直通车图进行设计。可以适当增加文案,详细介绍产品的卖点和功能特性,并进行排版。

主要技术

(1)【文字工具】。
(2)【矩形工具】。
(3)【渐变工具】。
(4)【混合选项】。

总结

本课主要学习直通车图和钻石展位图的设计,这两种图都是付费流量入口。在进行设计之前,电商设计师一定要进行市场调研,不能盲目设计。直通车图的尺寸应与主图一致,而钻石展位图的尺寸则有多种,要了解它们之间的区别。

 读书笔记

首页是店铺的门面，消费者可以通过首页了解店铺的产品和优惠活动。它是店铺产品的集合地，属于长图设计。和详情页一样，首页需要注意设计逻辑，将板块划分清楚进行展示，完成设计后还需要进行切图。

　　电商设计师需要根据店铺的产品类目来进行首页设计。如图C07-1所示为花西子店铺的部分首页页面，其采用中国风格的高雅色调，是近年来较流行的设计风格。如图C07-2所示为三只松鼠店铺的部分首页页面，由于零食类店铺的产品种类繁多，因此需要注重排版，清晰明了地展示产品信息。

图 C07-1
（资料来源：花西子旗舰店）

图 C07-2
（资料来源：三只松鼠旗舰店）

　　接下来，我们开始电商设计中的首页设计学习之旅。

C07课 首页设计

C07.1　首页的位置和规范
C07.2　首页的板块分类
C07.3　首页的风格
C07.4　综合案例——女装店铺首页设计
C07.5　作业练习——鞋子店铺首页设计

总结

C07.1　首页的位置和规范

首页是吸引用户、传递品牌形象和促进销售的关键页面。通过设计精美、内容丰富且易于导航的首页，卖家可以提升用户体验，提高转化率，并建立与用户的良好关系。

C07.1.1　首页的位置

可以在淘宝网搜索店铺名称，单击店铺进入店铺首页，也可以搜索宝贝，单击宝贝图片下方的店铺名称链接进入店铺首页，如图 C07-3 所示。

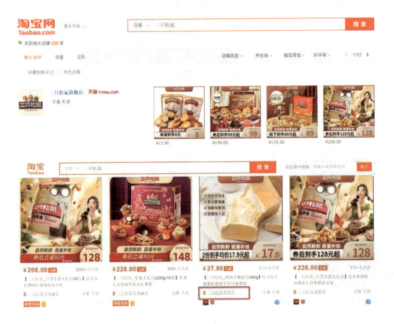

图 C07-3

手机端也是如此，搜索店铺或宝贝均可进入店铺，如图 C07-4 所示。

图 C07-4

在进行首页设计时,最好先浏览同类型产品的店铺首页,了解其制作思路。通过借鉴优秀的设计,提高自己的设计能力。

C07.1.2 首页的规范

首页的尺寸在PC端和手机端要求不同。PC端宽度为1920像素,高度不限;手机端宽度为1200像素,高度也不限,需要将首页尺寸控制在合理范围内。

需要注意的是,首页分为几个板块,各板块尺寸也有相应要求,详细情况将在C07.2节介绍。

C07.2 首页的板块分类

首页分为店铺招牌、导航栏、banner、优惠券/会员/导航、热卖/爆款/新品、产品楼层、品牌介绍/故事介绍等板块,下面具体介绍。

C07.2.1 首页的店铺招牌

店铺招牌简称店招,作用是宣传品牌,让消费者了解店铺。

PC端首页的店招包括logo、店铺标语(如三只松鼠的"连续九年全网坚果零食销量第一"),以及爆款或新款产品,尺寸为1920像素×120像素。手机端首页的店招尺寸为750像素×580像素。不同品类的店铺,店招的设计风格也会有所不同,如图C07-5所示。

图 C07-5
(资料来源:各品牌旗舰店)

一般来说,经营功能性产品的店铺,其店招包含内容比较多,通常左侧是店铺logo(也可以放在中间),右侧是店铺推荐的产品(可以是爆款产品,也可以是新品)。而经营化妆品或服装等美妆类、款式类产品的店铺,其店招就会做得比较简约,对应的排版也比较简单,突出高端简约风格。

C07.2.2 首页的导航栏

导航栏可以帮助消费者快速找到所需的产品类型,特别是对于拥有多个产品分类的店铺来说,一个清晰、直观的导航栏可以极大地提升用户体验。

设计导航栏时要注意以下几点：明确的产品分类、清晰的层级结构、突出热门分类，如图C07-6所示。

图 C07-6

（资料来源：各品牌旗舰店）

导航栏的高度为30像素，设计时需要掌握好文字与文字之间的距离，切记不要顶到两边，也可以加一些图标作为点缀。

通过合理设计导航栏，电商设计师可以为消费者提供一个直观且便捷的购物通道，帮助他们快速找到所需的产品，提高用户满意度。

C07.2.3　首页的 banner

banner 即横幅广告或海报，首页的 banner 需要进行精心设计。

在 PC 端，banner 的长度为 1920 像素，宽度为 600 像素～800 像素。在手机端，banner 的长度为 1200 像素，宽度为 600 像素～2000 像素，大小不超过 2MB。

在首页，banner 可以放置一张，也可以放置多张（即通常所说的轮播图），如图 C07-7 所示。

图 C07-7

（资料来源：各品牌官方旗舰店）

手机端的 banner 如图 C07-8 所示，有款式类产品，也有功能性产品，设计风格和手法各不相同。

图 C07-8
（资料来源：各品牌官方旗舰店）

C07.2.4　首页的优惠券/会员/导航

banner 下面的板块通常用于展示一些与购物相关的信息和功能，如品牌会员、优惠券和产品导航等。这些板块可以进一步提升用户体验，增加购物的便利性和吸引力，如图 C07-9（a）所示为 PC 端的，图 C07-9（b）所示为手机端的。

（a）

图 C07-9
（资料来源：各品牌官方旗舰店）

（b）

图 C07-9（续）

（资料来源：各品牌官方旗舰店）

C07.2.5　首页的热卖 / 爆款 / 新品

　　接下来的板块可以用于展示店铺的热卖产品或新品推荐，以吸引用户的注意力并促使他们进一步探索和购买，如图 C07-10 所示。

图 C07-10

（资料来源：各品牌官方旗舰店）

对于这些板块，可以使用海报式的展示方式，即将产品的图片、标题和价格等信息结合在一起，形成吸引人的产品海报。这些海报以网格布局或者滑动轮播的形式展示，以便用户方便地浏览多个产品。

在设计这些板块时，要注意选择高质量的产品图片、使用简洁明了的标题、添加购买按钮、定期更新内容，并且要确保这些板块内容的布局和设计与整体页面风格相协调，同时要具有视觉上的吸引力和易于浏览的特点。

C07.2.6　首页的产品楼层

下面的板块是店铺产品的展示板块，又可称为产品楼层，可以做成统一的样式，以确保页面的一致性和保持整体美感。注意标题、图片风格、商品卡片、按钮、布局等都要保持一致，如图C07-11所示。

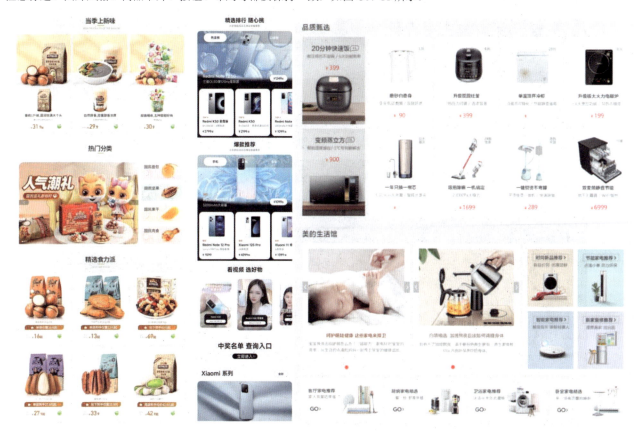

图 C07-11

（资料来源：各品牌官方旗舰店）

可以制作一个模板，然后直接复制并更改产品以及文案就能完成店铺产品楼层的制作。如此制作的产品楼层可以为用户提供一个统一、整洁的产品展示页面，有助于提升用户的购物体验，并建立专业和可信任的形象。

C07.2.7　首页的品牌介绍 / 故事介绍

在首页的最后一个板块，有些店铺会添加品牌介绍或店铺故事等，用来宣传品牌，也可以展现品牌发展的历史，如图C07-12所示。

以上介绍了首页的板块分类。需要注意的是，PC端和手机端的首页设计是不同的，而且现在越来越多的店铺将重点转移到手机端，有些店铺甚至没有开设PC端的首页。因此，我们需要更多地关注手机端的首页设计。

图 C07-12

（资料来源：澳柯玛旗舰店、格力旗舰店）

C07.3　首页的风格

设计时，有时需根据活动制作不同风格的首页。下面介绍首页的一些风格，具体设计要依据相应的工作要求和内容进行。

（1）极简风格：适用于展示简约、时尚的产品。在设计中，注重使用清晰的布局和简洁的元素。可以使用大面积的留白和简洁的字体，突出产品的特点和质感。选择具有高质量的产品图片，并添加简洁明了的标题，以突出产品的精美和实用性。但是也有一些店铺反其道而行之，将零食类产品的首页做成极简风格，引起消费者注意，如图 C07-13 所示。

（2）农业风格：适用于展示农产品或与大自然相关的产品。在设计中，可以使用自然场景的图片或插画，突出产品与大自然的联系；选择温暖、自然的色调，并使用手写风格的标题和描述，以打造亲切和真实的氛围，如图 C07-14 所示。

图 C07-13

（资料来源：各品牌官方旗舰店）

图 C07-14

（资料来源：果然亮旗舰店）

C 大美工篇

综合案例 实战演练

（3）中国风：适用于展示包含中国传统元素的产品。在设计中，可以使用中国传统图案、色彩和元素，如水墨画、红色、金色等，以突出中国文化的魅力；使用中文或具有中国风格的字体来展示标题和描述，营造浓厚的中国风情，如图C07-15所示。

图 C07-15

（资料来源：各品牌官方旗舰店）

（4）色彩绚丽风格：适用于展示年轻、时尚的产品。在设计中，使用明亮、鲜艳的色彩和丰富多样的图形元素，以吸引年轻用户的眼球；选择现代、流行的字体，并结合动态效果或渐变色等元素，营造活力四射的页面氛围，如图C07-16所示。

图 C07-16

（资料来源：各品牌官方旗舰店）

（5）机械风/3D风/插画风：这些风格适用于展示科技类、创意类产品或具有未来感的产品。在设计中，可以使用机械元素、几何形状或炫酷的插画，以创造出独特的视觉效果；使用现代、科技感强的字体，结合动态效果或立体化的元素，营造出前卫、炫酷的页面风格，如图C07-17所示。

图 C07-17

无论选择哪种风格，都要确保与产品类型和目标受众相匹配，并保持页面的整体一致性和美感。

另外，首页又可分为两种：普通首页和活动首页。普通首页就如前面介绍的首页，有各自独特的风格；而活动首页则是依据电商活动专门制作的充满活动氛围的首页。如图 C07-18 所示，分别是针对"双十二"活动和年货节活动的首页。可以看到它们采用的色彩和烘托的氛围都不同。因此，在每个电商活动开启时，设计师都需要根据不同的活动制作不同设计风格的首页。

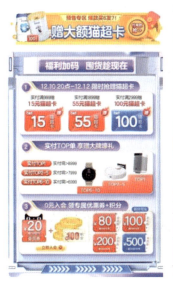

图 C07-18

（资料来源：各品牌官方旗舰店）

C07.4　综合案例——女装店铺首页设计

老板给小森分配了一个重要的任务——设计女装店铺首页。要求走大牌路线，以白色为主，设计简约、高端。小森接受了这个挑战，制作出一张与国际大牌看齐的首页图。

本综合案例的参考效果如图C07-19所示。

图C07-19

制作思路

对于女装这种款式类产品，首页的设计风格通常偏向简约，色彩的饱和度及明度不会太高。设计师在创作时可以借鉴大牌店铺的设计风格。

操作步骤

01 打开Photoshop，新建画布，命名为"女装首页"，设定尺寸为1920像素×6448像素，【颜色模式】为【RGB颜色】，【分辨率】为72像素/英寸。

02 制作店铺招牌和导航栏。标注安全区域（安全区域就是将有效信息放在画布中央，使小尺寸设备可以完全显示有效信息，淘宝是 950 像素，天猫是 990 像素），如图 C07-20 所示。用参考线将中央区域框选出 990 像素，店铺招牌高度为 120 像素，导航栏高度为 30 像素，并对导航类目进行排版。

图 C07-20

03 制作 banner。选择【矩形工具】，创建一个尺寸为 1920 像素 ×800 像素的矩形框，将模特素材拖进画布中，置于矩形框图层之上。右击模特图层，在弹出的快捷菜单中选择【创建剪贴蒙版】命令，创建蒙版。再对文案进行排版，做出主、次层级，目的是将信息传达清楚。接下来突出按钮颜色，可以做成深红色，目的是引导消费者点击。效果如图 C07-21 所示。

图 C07-21

04 制作优惠券。选择【矩形工具】，创建一个尺寸为 860 像素 ×510 像素的矩形框，调整【填充】为灰色（色值为 R：230、G：230、B：230），设置【圆角】为 25。选择【文字工具】编辑文案，文字【颜色】为黑色、白色和红色（色值为 R：145、G：19、B：19）。

再选择【矩形工具】，创建一个尺寸为 800 像素 ×190 像素的矩形框，调整【填充】为黑色，双击灰色背景图层，打开【图层样式】对话框，选中并打开【投影】选项卡，如图 C07-22 所示。这里需要注意文案排版。

图 C07-22

05 制作热卖产品。标题用黑色矩形框作为背景，尺寸为 1920 像素 ×173 像素，采用斜杠作为分割标题的装饰元素。下面的产品板块主要采用【剪贴蒙版】表现，先做出一个模板（如卫衣），使用【矩形工具】创建一个尺寸为 524 像素 ×723 像素的矩形框，调整【填充】为任意颜色，将卫衣模特图层置于矩形图层之上，右击卫衣模特图层，在弹出的快捷菜单中选择【创建剪贴蒙版】命令，再将卫衣按钮做出来，这样一个模板就做好了。然后直接复制，改变图片素材以及按钮文案即可，效果如图 C07-23 所示。

图 C07-23

06 制作分割板块。选择【矩形工具】,创建一个尺寸为 1920 像素 ×336 像素的矩形框,调整【填充】为任意颜色,将图片素材图层置于矩形图层之上,右击图片素材图层,在弹出的快捷菜单中选择【创建剪贴蒙版】命令。按 Ctrl+T 快捷键进行自由变换,改变其【不透明度】为 30%,再利用【矩形工具】和【文字工具】将按钮做出来,放在中央位置,如图 C07-24 所示。

图 C07-24

07 制作产品楼层。和以上步骤操作类似,利用【矩形工具】和【剪贴蒙版】制作,效果如图 C07-25 所示。

图 C07-25

各个矩形框的尺寸如图 C07-26 所示。

图 C07-26

08 运动系列的制作方法和休闲系列一样，可以直接复制上面的所有内容，再更改图片素材以及按钮文案即可，如图 C07-27 所示。两个板块之间可以用一条斜线分割。

图 C07-27

09 制作底部板块。对文案以及图标进行排版，这里要注意图标不要太大，文字为 22 ～ 24 像素即可，如图 C07-28 所示。

图 C07-28

10 完成女装首页的设计。需要注意的是，还可以进一步优化和调整细节。例如，主要板块内的各个元素之间的距离应该保持一致，板块与板块之间的矩形也应该保持一致。此外，需要注意对齐方式，本张首页采用的是居中对齐。

C07.5　作业练习——鞋子店铺首页设计

小森完成了一天的工作，下班回到家后决定继续精进自己的设计水平。他打算上网找一些鞋子产品，并参考市场上同类产品的首页，制作鞋子店铺的一张首页。

本作业练习为鞋子店铺首页设计。根据提供的部分产品图并参考市场同类型产品的首页制作一张首页，产品图如图 C07-29 所示。需要抠图的利用 Photoshop 中的工具抠出来，也可自行添加产品，但是要与整体风格一致，首页的每个板块之间要有衔接。

图 C07-29

作业思路

首先在电商平台上找一些鞋子店铺的首页，特别是大牌店铺，作为参考。然后，根据平时总结归纳的排版构图、色彩搭配等手法，设计一张首页。需要注意的是，逻辑层次必须正确。

主要技术

（1）【钢笔工具】。
（2）【文字工具】。
（3）【矩形工具】。
（4）【曲线】、【色相/饱和度】和【色彩平衡】。

总结

本课主要学习首页设计。作为店铺的门面，首页要注意色彩搭配和逻辑层次，板块之间要有衔接，视觉效果不宜过于跳跃。首页设计并不难，只要把握好板块之间的衔接性，其他方面与海报设计类似。电商设计师平时应该多浏览，注意总结经验。